Ferdinand R. Prostmeier

Kleine Einleitung in die synoptischen Evangelien

Ferdinand R. Prostmeier

Kleine Einleitung in die synoptischen Evangelien

HERDER

FREIBURG · BASEL · WIEN

Alle Rechte vorbehalten – Printed in Germany
© Verlag Herder, Freiburg im Breisgau 2006
www.herder.de
Umschlaggestaltung: Finken & Bumiller, Stuttgart
Satz: Barbara Herrmann, Freiburg
Druck und Bindung: Těšínská tiskárna a.s., Český Těšín
Gedruckt auf umweltfreundlichem, chlorfrei gebleichtem Papier
ISBN-13: 978-3-451-29056-5
ISBN-10: 3-451-29056-1

Vorwort

Die synoptischen Evangelien gehören zum Basisprogramm des Studiums der Theologie. Eine ›Kleine Einleitung‹ in diese Schriften muss bestimmten Vorgaben Rechnung tragen. Zum einen sind in der Neutestamentlichen Wissenschaft, im Lehr- und Prüfungsbetrieb Schemata und Standards etabliert, nach denen die Synoptiker und die mit ihnen verbundenen Themen dargeboten und abgefragt werden. Zum anderen ist durch die Modularisierung der universitären Ausbildung der Zeitrahmen für einleitungswissenschaftliche Lehrveranstaltungen nicht selten drastisch eingeschränkt. Der vorliegende Band ist als Begleitbuch für Studienanfänger angelegt, die keine Gelegenheit haben, eine Einführung in die synoptische Jesusüberlieferung zu hören und sich innerhalb der vorgesehenen Arbeitszeit über die wichtigsten Fragen zu den ersten drei kanonischen Evangelien orientieren wollen. Die verfügbare Druckseitenzahl und die erdrückende Flut des »Materials« zu den synoptischen Evangelien und zur Spruchsammlung Q zwingen zu einer überblicksorientierten Darstellung. Schon deshalb konkurriert diese ›Kleine Einleitung‹ nicht mit den großen Einleitungswerken, wovon eine Auswahl stets am Beginn der Kapitel angezeigt ist, und deren Lektüre nur nachdrücklich empfohlen werden kann.

Im Dienst des Kompromisses zwischen Genauigkeit, Lesbarkeit und konzisem Referat stehen die Graphiken und Tabellen; die eine oder andere hat ihre erste Gestalt am Regensburger Lehrstuhl für Einleitungswissenschaft (Altes und Neues Testament) bei Prof. Dr. Georg Schmuttermayr gefunden.

Meinem wissenschaftlichen Assistenten, Herrn Dr. Thomas Johann Bauer, meiner studentischen Mitarbeiterin, Frau Jasmin Hack, sowie meiner Sekretärin, Frau Ursula Bösch, danke ich herzlich. Für die Einladung zu diesem Band danke ich Herrn Dr. Bruno Steimer vom Verlag Herder.

Gießen   *Ferdinand R. Prostmeier*

Inhaltsverzeichnis

F. Anhang

A. Evangelium – Begriff und Gattung

Broer 23–38; Bultmann (Theißen) 446–451; Schenke/Fischer 9–14; Schnelle 177–194; Strecker 122–148; Vielhauer 263–280.

1.0 Der Begriff »euaggélion«

Das Substantiv euaggélion dient ursprünglich nicht zur Gattungsbezeichnung. Im Profangriechischen ist das euaggélion der »Lohn für die Überbringung guter Botschaft«. Davon abgeleitet nimmt euaggélion die Bedeutung »gute Botschaft« selbst an. Mit dieser abgeleiteten Bedeutung wird euaggélion zum christlichen Missionsterminus und meint die frohe Botschaft *über* Jesus Christus. Nur an wenigen Stellen bedeutet euaggélion die Botschaft Jesu, die beinhaltet, was Jesus verkündet hat. Sonst bezeichnet euaggélion immer die Botschaft, die Jesus Christus und das in ihm erschienene Heil zum Inhalt hat (Röm 1,1; 1 Kor 15,1ff), und zwar als lebendiges Wort der Predigt. Paulus setzt bei seinen Lesern diesen unliterarischen und zugleich inhaltlich gefüllten Begriff euaggélion voraus. Das zeigen folgende Stellen aus den Paulusbriefen: 1 Thess 1,4f.; 1 Kor 15,1.3b–5; Röm 1,1–4.

Interessant ist vor allem die Stelle im Römerbrief. Ausgehend davon, dass Paulus die römische Gemeinde nicht gegründet hat, weiß er von ihr nur vom »Hörensagen«. In diesem Brief stellt Paulus sein Evangelium der römischen Gemeinde vor, und er avisiert seinen Besuch, was zeigt, dass der im Röm verwendete Begriff von euaggélion bereits vor der paulinischen Mission in den christlichen Gemeinden in Gebrauch war. Weil die paulinischen Briefe die ältesten christlichen Schriften sind, ist aus dieser Wortverwendung zu ersehen, wie euaggélion in den Anfängen des Christentums verstanden worden ist.

Seinem *Ursprung* und seiner *Autorität* nach ist euaggélion die mündlich vermittelte Heilsbotschaft Gottes (euaggélion toû theoû), wie es in Röm 1,1 und 2 Kor 1,7 heißt. Seinem Inhalt nach ist diese Heilsbotschaft Gottes das euaggélion toû Christoû (1 Kor 9,12; Gal 1,7). Der Genetiv Christoû bezeichnet das Subjekt und das Objekt des Evangeliums.

Weil dieses in Christus erschienene Heil Gottes unteilbar ist, gibt es auch nur diese eine Frohbotschaft; euaggélion ist (deshalb) christlicherseits nie im Plural gebraucht. Das unterscheidet euaggélion als christlichen Missionsterminus sachlich sowie hinsichtlich seiner religionsgeschichtlichen Herkunft von den vielen Frohbotschaften (euaggélia) im Kontext der hellenistischen Herrscherverehrung, speziell des Kaiserkultes. Für die christliche Wortbedeutung von euaggélion prägender als die pagane Verwendung wurde der durch Deutero- bzw. Tritojesaja bestimmte eschatologische Sprachgebrauch des Verbs euaggelízesthai. Im Lichte dieser Bedeutung, nämlich das eschatologische Heil anzusagen, avancierte das Nomen im christlichen Kontext zum ›Schlüsselwort des Christusgeschehens‹ (1 Kor 15,3); euaggélion stand entweder für die Summe der christlichen Missionspredigten (1 Thess 1,5ff.), den Glauben an die Erfüllung atl. Verheißungen (Röm 1,1–4) oder die Summe der jesuanischen Verkündigung (Mk 1,15; 8,35). Euaggélion war also von Anfang an auf die Christusbotschaft kerygmatisch, christologisch und soteriologisch ausgerichtet. Daraus ergeben sich zwei Fragen:

- Wie kam es, dass der christliche und vorliterarische euaggélion-Begriff zur Bezeichnung für eine bestimmte ›Schreibweise‹ und schließlich zur Bezeichnung für die ›literarische Gattung Evangelium (Ev)‹ wurde?
- Welche Folgen hat die Anwendung des vorliterarischen euaggélion-Begriffs auf Schriften, die der Gattung Ev zugerechnet werden?

12

2.0 Evangelium als Gattungsbezeichnung

2.1 Adaption des Evangelienbegriffs als Gattungsnamen

Die erste Frage lässt sich leicht beantworten. Geht man davon aus, dass das Mk das älteste Werk ist, das der Gattung euaggélion zugehört (vgl. B. 4.1), dann war es sein Verfasser, der als erster diese Bezeichnung für eine Darstellung des Wirkens des Nazareners Jesu verwendet hat. Sein Werk beginnt mit den Worten:

> Anfang des *Evangeliums von Jesus Christus*, dem Sohn Gottes.

Nun liest man aber in den Versen 14 und 15:

> Nachdem aber Johannes gefangengesetzt war, kam Jesus nach Galiläa und predigte das *Evangelium Gottes* [15]und sprach: Die Zeit ist erfüllt, und das Reich Gottes ist herbeigekommen. Tut Buße und glaubt an das *Evangelium*.

Der Begriff euaggélion dient im Mk offenkundig nicht nur als formale Bezeichnung eines literarischen Werkes. Vor Mk war euaggélion christlicherseits als *Verkündigung über Jesus Christus* begriffen worden, was die Zitate aus den Paulusbriefen gezeigt haben. Jesus Christus war also stets zum Begriff euaggélion hinzuzudenken, und zwar als genitivus objectivus. Mk 1,1 in Verbindung mit Mk 1,14f. zeigt, dass sich die Sachlage geändert hat: Jesus Christus ist zugleich Verkünder des Ev und er ist Inhalt des Ev (V 14). Aus dem vorösterlichen ›Evangelium Gottes‹ (euaggélion toû theoû) ist das ›Evangelium Jesu Christi‹ (euaggélion Iesoû Christoû) geworden.

Inhalt des Evangeliums sind nicht nur die Jesuserinnerungen der Zeugen, der Erstverkünder und Tradenten, vielmehr gehört zu diesem ›Evangelium Jesu Christi‹ unverzichtbar, dass Jesus der Gekreuzigte ist, dass er der Gottessohn ist und dass Gott in Jesus gehandelt hat. Dieses Bekenntnis fungiert im Mk als Inklusion. Es verklammert den Auftakt des Evangeliums (1,1.11.14) mit dem Höhepunkt der Passionsgeschichte, als der

Zenturio beim Aufschrei des sterbenden Jesus unter dem Kreuz bekennt: »Wahrlich, dieser Mensch ist Gottes Sohn gewesen!« (15,39). Dieses Bekenntnis eines Heiden ist die christologische Summe aller vorausgegangenen Akklamationen (Messias, Menschensohn, Prophet, Sohn Davids) und Antwort auf alle Anfragen, wer Jesus sei (vgl. 1,27; 4,41; 6,14–16; 8,27–30).

Da Jesus Christus folglich sowohl Subjekt als auch Objekt des Ev ist, repräsentiert er zum einen das Ev Gottes und wird zum anderen selbst im Ev präsent. Dem so verstandenen Evangelium Jesu Christi geht es wesentlich um das Heil der Menschen.

2.2 Folgen der Adaption

Mk schafft ein Amalgat aus dem vergangenen und dem gegenwärtigen Wirken Jesu Christi sowie dem Ev als mündlicher Verkündigung und Literaturgattung. Das hat zur Folge, dass z. B. der Entscheidungsruf Jesu, der im Ev als ein »vergangenes Wirken Jesu« nachzulesen ist (vgl. 1,14), von vornherein auf die nachösterliche Gemeinde zielt, für die Jesus Christus im (gepredigten) Ev zugänglich und präsent ist. Darum ist keine neutrale Haltung gegenüber dem Ev möglich. Der textinterne Entscheidungsruf Jesu gilt textextern unmittelbar jeder Hörerin und jedem Hörer aller Zeiten. Immer wenn das Ev gelesen wird, geschieht die Verkündigung Jesu Christi als des Gekreuzigten und Auferstandenen, und zwar unter zwei konvergenten Aspekten:

1. Durch die Verbindung des im Ev erzählten irdischen Wegs Jesu von Nazaret mit dem Bekenntnis zum gekreuzigten und auferstandenen Jesus Christus wird deutlich, dass eben dieses Bekenntnis nicht möglich ist ohne die Rückbindung an den Weg des irdischen Jesus. Es gibt kein Christentum, das auf seine Rückbindung an die Gestalt des Jesus von Nazaret verzichten könnte. Der Weg des irdischen Jesus ist aber immer zugleich der Weg des Gottessohnes. Das bedeutet, dass im Ev die

Wirklichkeit Gottes und die geschöpfliche Wirklichkeit, Gottessohn und Jesus von Nazaret, verbunden sind. Darum ist aber das Ev Jesu Christi nicht zu einer vom Geschichtlichsein des Heils separierten (und gereinigten) Lehre objektivierbar oder durch einen Katalog historischer Vorgänge greifbar.

2. Indem das Ev als literarisches Werk den Weg des Gottessohnes »erzählt«, und zwar zugleich mit dem irdischen Weg Jesu, will es auf narrative Weise zur theologischen Erkenntnis führen, wer dieser Jesus ist und wer Gott ist. Das Ev als literarisches Werk ist insofern der narrative Ausdruck der theologischen Einsicht, dass der Gekreuzigte von Anfang an seinen Weg als Sohn Gottes ging. In dieser Verquickung bekundet sich, dass die Geschichte des Nazareners Jesus unwiederholbar und deshalb einzigartig ist, weil in ihr und durch sie Gott selbst gehandelt hat. Das Ev behauptet also, dass

- in einem konkreten Geschehen die Geschichte eine Wende nahm, und dass von diesem Ereignis Gegenwart und Zukunft irreversibel bestimmt sind, und dass
- dieses Ereignis im Ev, d. h. im Text, zugänglich und gegenwärtig ist.

Die schriftstellerische Leistung des Mk, d. h. diese literarische Einformung der Jesusüberlieferungen und Jesusinterpretationen unter dem Begriff »Evangelium«, ist eingebettet in den bereits vor ihm einsetzenden Sammlungs-, Konsolidierungs- und Interpretationsprozess. Man kann darüber hinaus eine Reihe theologischer und kirchengeschichtlicher Faktoren benennen, die diese schriftstellerische Arbeit forcierten und z.T. notwendig machten.

Bezüglich der gattungsgeschichtlichen Anleihe für das Mk (Bultmann [Theißen] 448–451) wird auf die antike Biographie als formale Orientierung hingewiesen. Man versuchte zu zeigen, dass die antike Biographie mythischen Charakter hat und als »Kultlegenden« verstanden werden konnte. Diese Gattung sei prädestiniert, dass ihr fremde Formen eingegliedert werden, wobei diese eine Neuinterpretation erfahren. Ziel sei die Korrektur eines falschen Bildes des jeweiligen Helden und Lehrers sowie das Vorweisen eines Nachfolgemodells. Dormeyer hält es für wahrscheinlich, dass jene (variierten) antiken Biographien »kompositionelle Muster und Verfahren anboten, welche der Evangelist bewußt oder unbewußt nutzte.« Die schriftstellerische Leistung des Mk besteht in der »Verbindung der ostantiken Prophetenbiographie mit der hellenistischen Philosophenbiographie« (Dormeyer 225). Die Evv bezeichnet er darum als ›erzählende‹ oder auch ›kerygmatische Idealbiographien‹.

Die Gattung Evangelium ist demzufolge als eine Rahmengattung zu verstehen, die 1. eine ganze Reihe von ›Kleingattungen‹ (z. B. Gleichnis, Wundergeschichte, legendarischer Bericht, Apophthegma) enthält, die in der Auseinandersetzung zwischen Judentum und Hellenismus entstanden sind. Charakteristisch für diese Rahmengattung ist 2. das Ineinander des auf die Gestalt Jesu zentrierten Erzähltextes und der kerygmatischen Anrede, sodass alles, was im Ev »erzählt« ist und für dessen Strukturierung Formen der antiken Biographie Anregungen gegeben haben können, im Dienst des Kerygmas steht.

Bezüglich der Einordnung des Mk in das Genre der literarischen Biographie ist auffällig, dass seine ›Jesusvita‹ nur das letzte Lebensjahr des Nazareners erfasst und zudem auf die letzten Lebenstage in Jerusalem und die Grabesgeschichte konzentriert ist, für die rund ein Drittel des gesamten Textes verwendet ist. Auffällig ist ferner, dass Mk seine Darstellung gerade nicht mit einem biographischen Datum des Nazareners Jesu beginnen lässt, sondern als Anfang eine theologische Erschließung Jesu sowie eine Deutung des schriftstellerischen Werkes und seines Anspruchs wählt. Es wäre zu überlegen, ob Mk damit sein Werk qualitativ von antiken Biographien absetzt.

B. Die synoptische Frage

Broer 39–59; Kümmel 13–53; Schnelle 177–194; Vielhauer 263–280.

1.0 Der Begriff »Synopse«

Das Wort »Synopse« (sýnopsis) kommt von synhoráo und bedeutet »zusammensehen, überblicken«. In Synopsen sind die Evangelien »nach Mt«, »nach Mk« und »nach Lk« in drei Spalten nebeneinander gesetzt, so dass auf einen Blick zu sehen ist, inwiefern sie übereinstimmen und sich voneinander unterscheiden. Diese Textanordnung ist deshalb möglich, weil die ersten drei kanonischen Evangelien den Verlauf der Wirksamkeit Jesu in nahe verwandter Weise darstellen. Das ist zugleich der Grund, weshalb das Evangelium »nach Joh« nicht zu den synoptischen Evv gerechnet wird. Es besteht überwiegend aus Texten, die in Mt, Mk und Lk nicht vorkommen. Nicht nur »Topographie und Chronologie, Ort und Dauer des Wirkens Jesu werden bei den Synoptikern und Johannes verschieden dargestellt, sondern ... auch der Inhalt der Verkündigung Jesu ist nicht derselbe.« (Haenchen 13f.). Bei den Synoptikern ist es die »Reich-Gottes-Botschaft«, bei Joh ist es Jesu Bedeutung als der vom Vater Gesandte, der den Vater offenbart und selbst die Offenbarung ist. In den meisten ntl. Synopsen ist das Joh dennoch berücksichtigt, weil es Parallelen zu Mt, Mk und Lk enthält, nämlich am Anfang das Auftreten des Täufers sowie die erste Wirksamkeit Jesu und in der Passionsgeschichte. Die synoptische Frage betrifft also die Evv nach Mt, Mk und Lk. Nachdem J. J. Griesbach im Jahr 1776 die erste Synopse vorgelegt hatte, bürgerte sich auch die Bezeichnung »Synoptiker« bzw. »synoptische Evangelien« ein. In unseren Synopsen (vgl.

F. 1.0) ist Mk in der mittleren Spalte gedruckt; deshalb bezeichnet man Mt und Lk bisweilen auch als die beiden »Seitenreferenten«.

2.0 Das synoptische Problem

Das synoptische Problem ist die »unstimmige Übereinstimmung« (Kümmel 17; vgl. Haenchen 12–20) der ersten drei kanonischen Evv. Stellt man ihre Texte nebeneinander, so ergibt sich eine doppelte Beobachtung:

1. Mt, Mk und Lk stimmen in Folgendem auffällig überein:
    - im Aufriss
    - in der Auswahl der Stoffe
    - in der Anordnung der Stoffe
    - in der Reihenfolge von Texteinheiten
    - im Wortlaut über längere Passagen
2. Trotz dieser engen Verwandtschaft weichen Mt, Mk und Lk aber doch immer wieder voneinander ab.

2.1 Gemeinsamer Aufriss

Die grundlegende Übereinstimmung der synoptischen Evv ist ihr gemeinsamer Aufriss. Sie stellen den Verlauf von Jesu Wirksamkeit in ähnlicher Weise dar. Diese Gemeinsamkeit im Aufriss wird durch den Vergleich mit dem des Joh offenkundig. Auch im Joh beginnt das öffentliche Wirken Jesu (Nr. 1) analog zu den synoptischen Evv mit dem Auftreten des Täufers und endet mit der Passionsgeschichte (Nr. 5). Die öffentliche Wirksamkeit Jesu scheint in der Darstellung des Joh drei Jahre zu dauern, in denen Jesus mehrmals Jerusalem besuchte. Bei den Synoptikern dagegen beschränkt sich das öffentliche Auftreten Jesu auf ein Jahr mit nur einem Aufenthalt in Jerusalem (Nr. 4 u. 5).

	Stoffgruppe	Mt	Mk	Lk	Joh
0.	Prolog			1,1–4	1,1–18
	Vorgeschichte	1–2	–	1,5–2,52	–
1.	Vorbereitung d. öffentlichen Wirkens	3,1–4,11	1,1–13	3,1–4,13	1,19–34
2.	Jesu Wirken in Galiläa	4,12–18,35	1,14–9,50	4,14–9,50	Jerusalem
3.	Reise nach Jerusalem	19–20	10	9,51–19,28	Judäa Galiläa Jerusalem Betanien
4.	Jesu Wirken in Jerusalem	21–25	11–13	19,29–21,38	Jerusalem
5.	Leidensgeschichte u. Osterberichte	26–28	14–16	22–24	18,1–20,29
	Epilog 1				20,30–31
	Nachtrag				
	Osterberichte aus Galiläa				21,1–23
	Epilog 2				21,24–25

1. Mk 1,1–13 ist die Vorbereitung des öffentlichen Wirkens Jesu. Dazu gehört das Auftreten Johannes' des Täufers 1,2–8, die Taufe Jesu 1,9–11 und die Versuchungsgeschichte 1,12–13. Nicht nur diesen drei Episoden, sondern dem ganzen Ev steht die hermeneutische Notiz in 1,1 voraus.

2. Auf den Eröffnungs- und Einleitungsteil folgt der große Komplex, in dem Jesu Wirken in Galiläa und seine Botschaft thematisiert werden (1,14–9,50).

3. Der dritte Hauptteil stellt den Aufbruch aus Galiläa zur Reise nach Jerusalem dar mit Berichten über Jesu Wirken in Judäa (10,1–52).

4. Jesu Wirken in Jerusalem in der Woche vor dem Pascha ist als eigener Abschnitt thematisiert (11–13).

5. Den Abschluss bilden die Passionsgeschichte (14–15), die Auffindung des leeren Grabes und die Erscheinungsgeschichte(n). Letztere fehlten indes ursprünglich bei Mk; es schloss mit 16,8 (vgl. D. 1.3). Die mk Osterberichte sind Anhänge aus dem 2. Jh.

Jene Abfolge der fünf großen Stoffgruppen findet sich auch bei Mt und Lk. Beide Seitenreferenten haben über Mk hinaus jeweils eine eigene Vorgeschichte (Mt 1–2; Lk 1,5–2,52), die sich u. a. der Geburt (Mt 1,18–25; Lk 2,1–20) und Kindheit Jesu (Mt 2,1–23; Lk 2,21–52) widmet. Mt und Lk schließen mit Erscheinungsgeschichten von je eigenem Profil. Auch sonst bieten Mt und Lk reicheres Material, das sich so nicht in Mk findet – z. B. die Bergpredigt (Mt 5–7), die Feldrede (Lk 6,20b–49) und der Redestoff in der »großen lk Einschaltung« (Lk 9,51–18,14) –, ohne deshalb grundlegend von dem oben dargestellten fünfgliedrigen Aufbau des Mk abzuweichen.

2.2 Übereinstimmungen und Abweichungen

Dieses Nebeneinander von grundsätzlicher Übereinstimmung und auffälligen Abweichungen zwischen den drei synoptischen Evv findet sich auch, wenn die Abfolge von Texteinheiten innerhalb der fünf großen Stoffgruppen verglichen wird, und sogar, wenn einzelne geschlossene Texteinheiten (Perikopen) gegenübergestellt werden. Manche Texteinheiten stimmen in allen drei Evv nahezu wörtlich überein, z. B. die Rede über den »Anfang des Endes« in Mk 13,5–8; Mt 24,4–8; Lk 21,8–11. Gleiches gilt für Texte, bei denen nur zwei der Synoptiker parallel laufen, z. B. die Dämonenaustreibung in Mk 1,21–28; Lk 4,31–38.

Übereinstimmungen und Abweichungen in der Stoffanordnung

Die Übereinstimmung in der Abfolge von Stoffen sieht man deutlich am Textabschnitt Mk 2,1–22 und den synoptischen Parallelen (= parr) bei Mt 9,1–17 und Lk 5,17–38.

Mt	Mk	Lk	
9,1–8	2,1–12	5,17–26	Heilung eines Gelähmten
9,9–13	2,13–17	5,27–32	Berufung des Levi/Zöllnermahl
9,14–17	2,18–22	5,33–38	Fastenfrage

Die fortlaufenden Versnummern zeigen, dass in der Reihenfolge der Stoffe Übereinstimmung besteht. Im Wortlaut mag es hier und da Unterschiede geben, aber die Stoffe bzw. die Themen, schließen nahtlos aneinander an.

Nach der Fastenfrage (Mk 2,18–22 parr) kann man kurzzeitig keine Übereinstimmung mehr erkennen, was das Schaubild Seite 22 zeigt.

Nach der Fastenfrage weicht Mt von der Stoffanordnung des Mk ab und kehrt erst mit 12,1–14 zur Reihenfolge des Mk zurück, die dann auch die Reihenfolge des Lk darstellt (Mt 12,1–14 = Mk 2,23–3,6 = Lk 6,1–11). Lk wiederum verlässt mit 6,12 die Reihenfolge des Mk und kehrt erst wieder mit 8,4 zu dessen Abfolge zurück, die hier auch die des Mt ist.

Man könnte nun meinen, dass Mt und Lk dort, wo sie nicht Mk folgen, eigenes Material eingefügt haben. Das stimmt jedoch nur teilweise. Bei näherem Zusehen erweist sich ein Teil der Abweichungen in Mt und Lk als Umstellung innerhalb des mit Mk gemeinsamen Stoffes, was das folgende Schaubild am Beispiel des Mt illustriert (Seite 23).

Stoffanordnung

Mt	Mk	Lk
9,1–8	2,1–12 Heilung d. Gelähmten	5,17–26
9,9–13	2,13–17 Berufung des Levi/	5,27–32
	Zöllnermahl	
9,14–17	2,18–22 Fastenfrage	5,33–38
9,18–26 Heil. d. Tochter d. Jaïrus		
9,27–31 Heil. zweier Blinder		*fast alle Perikopen*
9,32–34 Heil. eines Stummen	*keine Parallelen*	*von Mt 9,18–12,1,*
	im Mk	*aber verteilt auf das*
9,35–11,1 Aussendungsrede		*gesamte Lk*
11,2–12,1 Urteil über Täufer		
12,1–8	2,23–28 Ährenabreißen	6,1–5
12,9–14	3,1–6 Heil. verdorrte Hand	6,6–11
	3,7–12 2. Sammelbericht	
	3,13–19 Berufung der 12	6,12–16
12,15–21 Heil. am See	3,20–19 Urteil d. Verwandten	6,17–49 Feldrede
12,22–30 Bund mit Teufel	3,22–30 Sinn d. Dämonenaustreibung	7,1–17 Heilungen
12,31–37 Sünde gg. Hl. Geist	3,31–35 Wahre Verwandte Jesu	7,18–35 Täuferrede
12,38–42 Zeichen d. Jona		7,36–50 Geschichte Sünderin
12,43–45 Warnung v. Rückfall		8,1–3 Frauen um Jesus
12,46–50 Mutter u. Brüder Jesu		
13,1–23	4,1–20 Gleichnis von viererlei Äcker	8,4–15
	Allegorese d. Gleichnisses	

Die Umstellungen des Mk-Stoffes im Mt sind nicht so häufig wie das Schaubild es vielleicht suggeriert. Tatsächlich weicht Mt nur bei 12 der 118 mit Mk gemeinsamen Textabschnitte in der Anordnung ab. Wie sehr Mt trotz der Abweichungen und seines zusätzlichen Materials dennoch der Reihenfolge des Mk verpflichtet ist, zeigt die Anordnung der Bergpredigt (Mt 5–7) zwischen Mk 1,21 und Mk 1,22. Die Lehrtätigkeit in der Synagoge zu Kafarnaum wird dabei unter Rekurs auf Mk 1,38f. in ein Summar umgestaltet und das Staunen über die Lehre Jesu in der Synagoge – über deren Inhalt Mk nichts berichtet – wird bei Mt zum Staunen über die Lehre Jesu auf

Umstellungen innerhalb einer Stoffgruppe

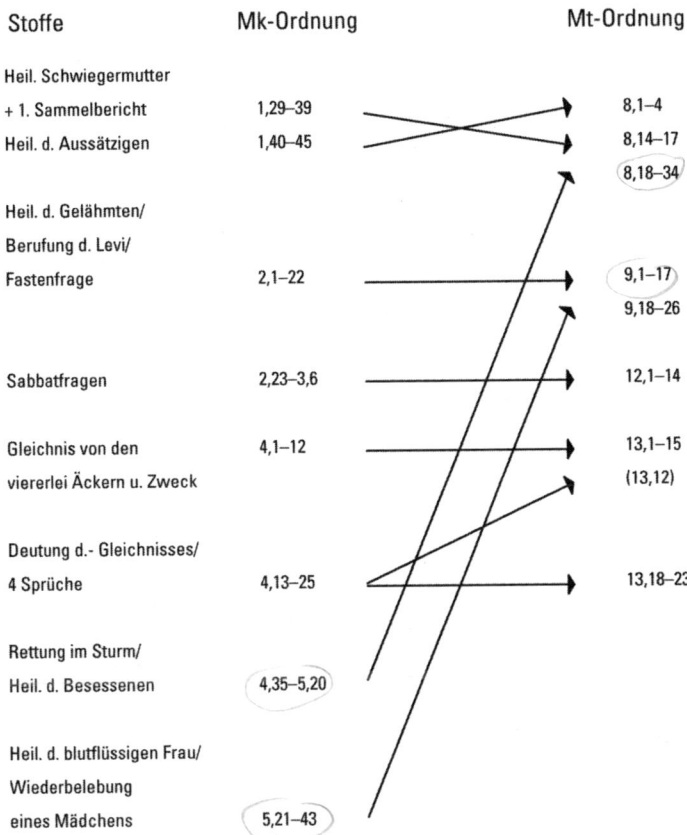

Stoffe	Mk-Ordnung	Mt-Ordnung
Heil. Schwiegermutter		
+ 1. Sammelbericht	1,29–39	8,1–4
Heil. d. Aussätzigen	1,40–45	8,14–17
		8,18–34
Heil. d. Gelähmten/		
Berufung d. Levi/		
Fastenfrage	2,1–22	9,1–17
		9,18–26
Sabbatfragen	2,23–3,6	12,1–14
Gleichnis von den	4,1–12	13,1–15
viererlei Äckern u. Zweck		(13,12)
Deutung d.- Gleichnisses/		
4 Sprüche	4,13–25	13,18–23
Rettung im Sturm/		
Heil. d. Besessenen	4,35–5,20	
Heil. d. blutflüssigen Frau/		
Wiederbelebung		
eines Mädchens	5,21–43	

dem Berg, der ersten großen Rede im Mt. Somit erscheint die in Mk 1,22 berichtete Reaktion auf die erste Predigt Jesu in der Synagoge, bei Mt nun am Ende der Bergpredigt (Mt 7,28f.) als Bericht über die Wirkung dieser Rede beim Volk.

Lk verfährt im Grunde wie Mt: Umstellungen und Neuplatzierungen von Logien. Die scheinbar größere Abweichung von der Mk-Reihenfolge erklärt sich zum einen durch die Mehrzahl an Auslassungen, Lk übernimmt von Mk 22 Perikopen weniger als Mt, und zum anderen durch die größere Menge an zusätzlichem Material, das sich auch bei Mt nicht findet.

Übereinstimmungen und Abweichungen innerhalb von Perikopen

Ein synoptischer Vergleich stoffverwandter, geschlossener Texteinheiten wie z. B. der sogenannten Tempelreinigung (Mt 21,12–17 parr) zeigt, dass sich neben Gemeinsamkeiten oft bis in die Diktion hinein mehr oder weniger signifikante Abweichungen finden. Diese Beobachtung lässt sich an einer Reihe von Texten erhärten: Heilung des Aussätzigen (Mk 1,40–45 parr); Rede von der Nachfolge (Mk 8,34–36; 9,1 parr); Jüngerbelehrung über die Kinder (Mk 10,13–15 parr); Vollmachtsfrage (Mk 11,27–33 parr); eschatologische Rede (Mk 13,5–8. 14–17.28–32 parr).

Dies sei im Folgenden an der eingangs genannten Perikope von der Tempelreinigung (Mk 11,15–17 parr) illustriert. Mt, Mk und Lk zeigen in dieser Perikope neben den drei gemeinsamen Textsequenzen (gestrichelter Rahmen) auffällige Unterschiede sowie kleinere, aber nicht weniger bedeutsame Abweichungen. Die wichtigsten Differenzen sind unterstrichen bzw. eingerahmt.

Abweichungen bei Mt

Nur Mt berichtet von Therapien durch Jesus im Tempel (V 14), und nur er lässt bei dieser Gelegenheit Kinder die Messianität Jesu proklamieren (V 15b). Die Wunder Jesu und die Proklamation der Kinder bilden den Anlass für die Aufgebrachtheit der Hohenpriester und Schriftgelehrten (V 15c). V 16 wirkt wie ein kurzes Streitgespräch. Darin fordert die religiöse Elite Jerusalems Jesus auf, zu der Proklamation Stellung zu nehmen (V 16a). Jesus hält ihnen ein Psalmzitat (Ps 8,3)

Mt 21,12–17	Mk 11,15–19	Lk 19,45–48
	15 Dann kamen sie nach Jerusalem	
12 Jesus ging in den Tempel und trieb alle Händler und Käufer aus dem Tempel hinaus	Jesus ging in den Tempel und begann, die Händler und Käufer aus dem Tempel hinauszutreiben;	45 Dann ging er in den Tempel und begann, die Händler hinauszutreiben.
er stieß die Tische der Geldwechsler und die Stände der Taubenhändler um	er stieß die Tische der Geldwechsler und die Stände der Taubenhändler um	
	16 und ließ nicht zu, dass jemand irgend etwas durch den Tempelbezirk trug.	
13 und sagte: In der Schrift steht: *Mein Haus soll ein Haus des Gebets sein.** Ihr aber macht daraus *eine Räuberhöhle.***	17 Er belehrte sie und sagte: Heißt es nicht in der Schrift: *Mein Haus soll ein Haus des Gebets sein für alle Völker*.* Ihr aber habt daraus *eine Räuberhöhle*** gemacht.	46 Er sagte zu ihnen: In der Schrift steht: *Mein Haus soll ein Haus des Gebets sein.** Ihr aber habt daraus *eine Räuberhöhle*** gemacht.
14 Im Tempel kamen Lahme und Blinde zu ihm, und er heilte sie.		47 Er lehrte täglich im Tempel.
15 Als nun die Hohenpriester und die Schriftgelehrten	18 Die Hohenpriester und die Schriftgelehrten	Die Hohenpriester und die Schriftgelehrten und
		die übrigen Führer des Volkes aber
die Wunder sahen, die er tat, und die Kinder im Tempel rufen hörten: Hosanna dem Sohn Davids!, da wurden sie ärgerlich 16 und sagten zu ihm: Hörst du, was sie rufen? Jesus antwortete ihnen: Ja, ich höre es. Habt ihr nie gelesen: *Aus dem Mund der Kinder und Säuglinge schaffst du dir Lob?****	hörten davon und suchten nach einer Möglichkeit, ihn umzubringen. Denn sie fürchteten ihn,	suchten ihn umzubringen.
		48 Sie wußten jedoch nicht, wie sie es machten sollten, denn das ganze Volk
	weil alle Leute von seiner Lehre sehr beeindruckt waren.	hing an ihm und hörte ihn gern.
17 Und er ließ sie stehen und ging aus der Stadt hinaus nach Betanien; dort übernachtete er.	19 Als es Abend wurde, verließ Jesus mit seinen Jüngern die Stadt.	

*Jes 56,7 **Jer 7,11 ***Ps 8,3

entgegen (V 16b). Bei Mk sind die Repräsentanten des offiziellen Judentums indes im Tempelbezirk nicht zugegen (Mk 11,18a) und auch bei Lk scheinen sie nicht unmittelbar Zeugen des Geschehens zu sein (Lk 19,47b). Auffallend ist bei Mt, dass nicht wie in Mk oder Lk auf die Absicht der Gegner rekurriert wird, Jesus zu töten. Die Hohenpriester und Schriftgelehrten sind lediglich verärgert (Mt 21,15b). Somit fehlt bei Mt der direkte Verweis auf die Passion.

Mt unterscheidet sich von Mk und Lk erstens in der Symbolhandlung – der so genannten Tempelreinigung –, zweitens in der Reaktion der Schriftgelehrten (die Gegner verstummen, fassen aber keine Tötungsabsicht) und drittens im Abschluss der Perikope (Mk 11,19; Mt 21,17).

Abweichungen bei Mk

Mk stellt der mit den Seitenreferenten übereinstimmenden Situationsangabe (Mk 11,15b parr.) eine Lokalnotiz voran: »Dann kamen sie nach Jerusalem« (V 15a). Weil bei Mk der Tempelreinigung eine an einem anderen Ort situierte Symbolhandlung vorausgeht, nämlich die Verfluchung des Feigenbaums in Betanien, muss hier zu Beginn der sog. Tempelreinigung konstatiert werden, dass Jesus erst nach Jerusalem kommt. Ohne Parallele ist V 16. In V 17 wird die Lehrtätigkeit Jesu im Tempel erwähnt, was (an dieser Stelle) bei Mt und Lk fehlt. Auffällig ist auch die rhetorische Negation in der Eröffnungsfrage Jesu. Dieses »nicht« bewirkt eine andere Emphase auf die Hörer als die bloße Mitteilung – wie es bei Mt und Lk geschieht –, dass in der Schrift etwas nachzulesen steht. Ferner bringt Mk das Zitat aus Jes 56,7 vollständig, bei Mt und Lk fehlt der Ausdruck »allen Völkern«. Die Anleihe aus Jer 7,11 »Höhle für die Räuber« findet sich wieder bei allen dreien. Mk und Lk konstatieren diesen Missbrauch als Dauerzustand, Mt benennt ihn hingegen als etwas, das gegenwärtig geschieht. Der Schluss V 18 läuft weitgehend parallel zu Lk, nur die Erwähnung, dass die Schriftgelehrten Jesus fürchteten, ist ohne Parallele bei Mt und Lk. Der expositionelle Abschluss V 19 unterscheidet sich ebenfalls von den beiden Seitenreferenten.

Abweichungen bei Lk

Lk kürzt die Exposition der Erzählung. Die auffälligste Abweichung ist jedoch V 47: 1. Das Geschehen, das bei Mk und Mt an einem Tag und unmittelbar nach der Demonstrationshandlung (Mk 11,13f.) stattfindet, dehnt sich bei Lk auf mehrere Tage aus: Jesus lehrte im Tempel, und zwar täglich (V 47a). 2. Lk erweitert den Kreis der Konfliktpartner über die religiöse Elite (V 47b) hin auf alle Volksvertreter (V 47c). Ohne Parallele ist die Notiz V 48a, die besagt, dass die Führer des Volkes unschlüssig sind, wie sie Jesus am geschicktesten beseitigen können.

Obwohl in den drei Texten ein und dieselbe Sache besprochen ist, und zwar übereinstimmend in der Abfolge des Geschehens und in der Diktion, lassen sich unschwer Abweichungen benennen, nicht nur im Wortlaut, sondern auch Differenzen, die die Sache betreffen.

2.3 Vers- und Wortstatistik

Die Vers- und Wortstatistik der synoptischen Evv unterstreicht den bisherigen Befund, nämlich das Ineinander von Übereinstimmung und Abweichung (S. 28).

2.4 Ergebnis des synoptischen Vergleichs

1. Die grundlegende Gemeinsamkeit ist der übereinstimmende Aufriss. Dadurch besitzen die Synoptiker eine gemeinsame chronologisch-narrative Disposition.
2. Die Synoptiker haben einen großen gemeinsamen Bestand an Erzählungen, aber auch eine Reihe gemeinsamer Redestücke.

Versstatistik

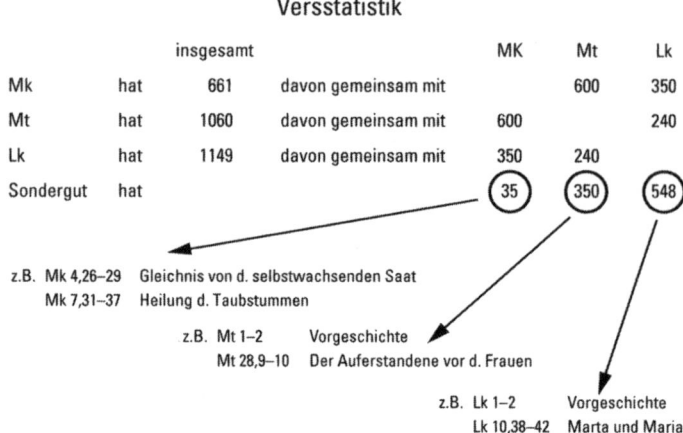

		insgesamt		MK	Mt	Lk
Mk	hat	661	davon gemeinsam mit		600	350
Mt	hat	1060	davon gemeinsam mit	600		240
Lk	hat	1149	davon gemeinsam mit	350	240	
Sondergut	hat			35	350	548

z.B. Mk 4,26–29 Gleichnis von d. selbstwachsenden Saat
Mk 7,31–37 Heilung d. Taubstummen

z.B. Mt 1–2 Vorgeschichte
Mt 28,9–10 Der Auferstandene vor d. Frauen

z.B. Lk 1–2 Vorgeschichte
Lk 10,38–42 Marta und Maria

Wortstatistik

	Mk	davon bei Mt	bei Lk	bei Mt + Lk	nur bei Mk
Wörter	10650	7678	7040	8181	2469

3. Die Synoptiker stimmen einerseits oft in der Anordnung von Material überein, z. B. die drei Streitgespräche (Mk 2,1–22 parr), die Sabbatgeschichten (Mk 2,23–3,6 parr) und das Gleichniskapitel (Mk 4 parr), und zeigen sich innerhalb stoffverwandter, in sich geschlossener Texteinheiten im Wortlaut eng verwandt. Zum anderen finden sich sowohl auf makrosyntaktischer Ebene als auch bei parallelen Perikopen signifikante Abweichungen.

4. Mt und Lk bieten mehr Material als Mk. *Zum einen* sind dies Texte, die sich nur bei Mt oder Lk finden. Dazu gehören z. B. die beiden Vorgeschichten und die Erscheinungsgeschichten. Die lk Kindheitsgeschichte (Lk 1,5–2,52) hat im Vergleich mit dem mt Pendant (Mt 1,18–2,23) teilweise einen anderen Inhalt (1,5–80) und besitzt eine andere Form. Beide Seitenreferenten enthalten zwar eine Genealo-

gie Jesu, aber die beiden Stammbäume (Mt 1,2–17) sind
miteinander unvereinbar. Der Stammbaum bei Lk ist zudem nach der Taufe Jesu platziert (Lk 3,23–38), steht also
in einem anderen Kontext außerhalb der Vorgeschichte. Lk
stellt seiner Vorgeschichte einen Prolog (1,1–4) voraus; Mt
hat nur eine kurze Anfangsnotiz (Mt 1,1), woran sofort der
Stammbaum anknüpft. Auch in den Erscheinungs- oder
Ostergeschichten heben sich Mt und Lk voneinander ab:
Lk 24 weiß nur von Erscheinungen Jesu in Jerusalem und
Umgebung (Emmaus), Mt 28 kennt solche aber auch in
Galiläa (Mt 28,16–20); Mk schweigt über die Kindheit und
über Erscheinungen Jesu. *Zum anderen* findet sich neben
dem jeweiligen »Sondergut« (vgl. B. 4.2) Material, das Mt
und Lk *gemeinsam* haben, und zwar *gegen* Mk. Zu diesem
gemeinsamen Material der Seitenreferenten, das bei Mk
fehlt, gehören vor allem Redestücke, z. B. die Seligpreisungen (Mt 5,3–12; Lk 6,20b–23), das Vaterunser (Mt 6,7–15;
Lk 11,1–4), ein Teil der Gleichnisse (z. B. die Doppelpara-
bel »Vom Haus auf dem Felsen« Mt 7,24–27 par) sowie
Sprüche und Spruchreihen Jesu (z. B. »Von der Feindesliebe« Mt 5,43–48 par und »Die goldene Regel« Mt 7,12 par).

Der *Befund* des ›merkwürdigen, verwickelten Ineinanders von
Übereinstimmung und Verschiedenheit zwischen Mt, Mk und
Lk‹ auf den verschiedenen Vergleichsebenen, kurz: die »unstimmige Übereinstimmung der ersten drei Evangelien« ist
das *synoptische Problem*. Daran schließt sich die *synoptische
Frage* an, nämlich »nach dem literarischen Verhältnis der drei
ersten Evv. zueinander« (Kümmel 17), d. h. wie sich die auffälligen Berührungen erklären lassen und welche Rückschlüsse
sich für die Entstehung der synoptischen Evv ziehen lassen.

3.0 Ältere Erklärungsversuche

Als Erklärung für den synoptischen Befund bieten sich folgende Hypothesen an:

1. Mt, Mk und Lk könnten unabhängig voneinander aus mündlichen oder schriftlichen Überlieferungen geschöpft haben.
2. Es könnte ein Verfasser das Werk eines anderen als Vorlage benutzt haben, wobei sich die Frage stellt, wer wessen Schrift als Vorlage verwendet hat.
3. Es könnten alle drei eine Quelle oder mehrere gemeinsame schriftliche Quellen benutzt haben, die allerdings nicht erhalten sind.

3.1 Erklärungsversuche aufgrund äußerer Zeugnisse

Der Prolog des Lk

Im Prolog des dritten Evangeliums (1,1–4) nennt der anonyme Verfasser Ansatz, Absicht, Quellen und Vorgehen seiner Arbeit und scheint damit die Entstehungsgeschichte seines Werkes zur Sprache zu bringen. Der Zweck dieses Vorwortes, das tatsächlich die einzige authentische Nachricht über die Genese der Evv darstellt, ist allerdings nicht, die Leser über literarische Gegebenheiten bezüglich der schriftstellerischen Arbeit zu informieren. Lk will vielmehr seiner Gemeinde die Zuverlässigkeit des Dargestellten versichern; das geht aus der Zweckangabe V 4 hervor. Dennoch scheint in der darin resultierenden Autorisierung ein texttheoretisches Indiz greifbar. V 3a erhebt den Anspruch sorgfältiger Quellenrecherche. In Kombination mit V 1 scheint der Verfasser anzudeuten, dass er von schriftlichen Fixierungen der Vorgänge um Jesus von Nazaret weiß und diese für sein Werk konsultiert und verwendet hat. V 3b zeigt sogleich an, dass der Verfasser sich dabei frei sah, dieses Material »in guter Ordnung« aufzuschreiben. Kann man daraus folgern, dass

30

der Jesustradition eine (chronologisch-narrative) Struktur fehlte, die den schriftstellerischen Ansprüchen des Verfassers (und seiner Leser) genügen konnte? Das ist nicht die einzige Frage, die der Lukasprolog bezüglich der Genese des Lk offen lässt. Viel mehr als die unstreitige Auskunft, dass in den »Bericht« älteres und in den Augen des Verfassers und seiner Adressaten verlässlicheres Material eingearbeitet wurde, scheint diesem Rückblick des Verfassers auf die Entstehung seines Werkes nicht zu entnehmen sein.

»Papias-Zeugnis«

Euseb v. Caesarea referiert in seiner Kirchengeschichte Nachrichten über die Entstehung des Mt und des Mk. Demzufolge kompilierte im ersten Viertel des 2. Jh.s Papias von Hierapolis in Phrygien eine Sammlung deutender Informationen zu älteren Nachrichten über Worte und Taten Jesu (Euseb, h.e. III 39,3). Von dieser fünfbändigen »Erklärung von Herrenworten« (h.e. III 39,1a) sind nur wenige Exzerpte bei Irenäus v. Lyon, Euseb v. Caesarea, Apollinarius v. Laodizea u. a. erhalten.

Das bei Euseb referierte Zitat, das sogenannte Fragment 2, ist das älteste äußere Zeugnis über die Entstehung von Mk und Mt (Haenchen 4–11). Einleitend bemerkt Euseb, Papias habe sich auf einen Johannes mit dem Titel »der Presbyter« berufen (h.e. III 39,7), und dieser habe Papias zufolge »gesagt« (h.e. III 39,15): »Markus, der Dolmetscher des Petrus, hat alles, dessen er sich erinnerte, genau aufgeschrieben, freilich nicht der (richtigen) Reihe nach – das, was vom Herrn sei es gesagt, sei es getan worden war; er hatte nämlich weder den Herrn gehört noch war er ihm nachgefolgt. Später aber ... (folgte der) dem Petrus, der seine Lehrvorträge den Bedürfnissen entsprechend gestaltete, jedoch nicht, um eine zusammenhängende Darstellung der Herrenworte zu geben, so daß Markus nicht falsch handelte, als er einiges so aufschrieb, wie er sich erinnerte.« (Lindemann/Paulsen 295). Die Darstellung im Mk folge also

31

nicht den historischen Vorgängen, sondern der Missionspre-
digt des Petrus. In ihrem Wert für die Lösung der synoptischen
Frage ist diese Notiz des Papias wertlos, denn letztlich beruht
das Ganze auf Hören-Sagen: Euseb zitiert Papias, der es von
einem Presbyter Johannes gehört haben will, über dessen
Quellen indes jede Angabe fehlt.

Bezüglich des Mt zitiert Euseb folgende Darstellung aus
dem Werk des Papias (h.e. III 39,16): »Matthäus hat die Logien
also in hebräischer [d. h. aramäischer] Sprache zusammengestellt; es übersetzte sie ein jeder aber, so gut er es vermochte«
(Lindemann/Paulsen 295). Aus dieser Notiz hat die Evangelienforschung die These eines aramäischen Urevangeliums
abgeleitet. Sprachvergleichende Untersuchungen haben jedoch
nachgewiesen, dass das Mt griechisch abgefasst worden ist,
mag auch für einzelne Ausdrücke eine aramäische Vorstufe in
der mündlichen Überlieferung anzunehmen sein.

Auf diesen beiden Notizen aus dem Werk des Papias sind alle
weiteren äußeren Zeugnisse für die Entstehung der Evv zurück-
zuführen. Das synoptische Problem ist mit ihnen jedoch kaum
zu lösen. Die Versuche, diese ›unstimmige Übereinstimmung‹
der synoptischen Evv *literarisch* plausibel zu erklären, lassen
sich in zwei Paradigmen zusammenfassen. Diese unterscheiden
sich darin, ob sie von einer gegenseitigen literarischen Benutzung der Synoptiker ausgehen (Benutzungshypothesen) oder
die unabhängige Benutzung gemeinsamer, uns nicht mehr er-
haltener Vorlagen annehmen (Vorlagenhypothesen).

3.2. Vorlagenhypothesen

Die drei Varianten dieses Erklärungsansatzes, die Traditions-
hypothese, die Diegesen- bzw. Fragmentenhypothese und die
Urevangelienhypothese, sind mit verschiedenen Entwürfen der

Benutzungshypothese kombiniert worden, um eine bestimmte Deszendenz zu erklären. Eine plausible literarische Erklärung für das synoptische Problem wurde dabei aber nicht erreicht. Daher kann es genügen, die Grundtypen zu skizzieren.

Traditionshypothese

Diese Hypothese hat Johann Gottfried Herder 1796/97 formuliert; andere haben sie verfeinert. Es sei von einem eigenen »Stand« von Evangelisten auszugehen, die als Begleiter der Apostel jene Geschichten und Worte, die sie von den Aposteln gehört hatten, überlieferten, wobei sie sich an einem von den Aposteln festgesetzten Zyklus orientierten. Aus diesem mündlich tradierten aramäischen Urevangelium (vgl. »Papias-Zeugnis«) hätten sich zwei verschiedene mündliche griechische Versionen entwickelt, von denen die Synoptiker abhängen. Hierdurch erklären sich die Übereinstimmungen in der synoptischen Überlieferung. Zugleich aber bezeugen die Evangelienschriften, dass die Evangelisten eigenständige Schriftsteller waren. Die Unterschiede erklären sich folglich aus der jeweiligen situativen Zielsetzung der drei Verschriftlichungen. – Die Hypothese macht zu Recht auf die mündliche Tradition aufmerksam. Sie vermag aber die zahlreichen Übereinstimmungen im Wortlaut sowie in der Anordnung des Stoffes nicht überzeugend zu erklären. Hinzu kommt, dass Lk 1,1f. ausdrücklich von Vorgängern spricht.

Diegesen- oder Fragmentenhypothese (Schleiermacher)

Diese Hypothese sieht die Synoptiker als Endstadien eines Sammlungsprozesses von kurzen, bald nach Jesu Tod entstandenen Aufzeichnungen von Reden und Begebenheiten aus dem Leben Jesu. Als eines der Hauptargumente dient der Prolog zum Lk; er nennt sein Werk »Bericht/Erzählung« (gr. dihêgesis). Friedrich Schleiermacher (1817) und seine Nachfolger sehen darum in Lk »keinen unabhängigen Schriftsteller«, sondern einen »Sammler und Ordner schon vorhandener Schriften, die er unverändert durch seine Hand gehen läßt« (Schleiermacher 219f.). Das gelte im Prinzip auch für Mt und Mk. Letzterer überschreibt nämlich sein Werk mit »Anfang des Evangeliums von Jesus Christus, dem Sohn Gottes« (Mk 1,1) und Mt beginnt mit »Buch von der Geschichte Jesu Christi, dem Davidssohn, des Sohnes Abrahams« (Mt 1,1). – Die Hypothese sieht einerseits richtig, dass bereits im Vorfeld der Verschriftlichung der Jesusüberlieferung in den drei synoptischen Evv mit der Entstehung von Sammlungen unterschiedlichen Umfangs und Inhalts zu rechnen ist, und dass diese sich in verschiedenen Gattungen niederschlugen. Die Diegesen- oder Fragmentenhypothese kann aber die Übereinstimmung der Synoptiker im Aufriss nicht zufriedenstellend erklären.

Urevangeliumshypothese (Lessing, Eichhorn)

Diese Hypothese nimmt ein Urevangelium an, das eine aramäische Apostelschrift war, »Evangelium der Nazarener« genannt wurde, aber verloren gegangen sei. Die synoptischen Evv seien voneinander unabhängige Übersetzungen entweder dieser aramäischen Apostelschrift bzw. Auszüge derselben oder unabhängige Übertragungen verschiedener aramäischer Rezensionen dieser Apostelschrift, die ebenfalls verloren gegangen seien (Gotthold Ephraim Lessing 1776/78; Johann Gottfried Eichhorn 1794). – Diese Hypothese sieht richtig, dass die synoptischen Evv den Abschluss eines literarischen Prozesses darstellen. Sie kann sowohl inhaltliche als auch sprachliche Übereinstimmungen erklären, versagt jedoch für die Erklärung der z.T. erheblichen Unterschiede; auch für die Dubletten (vgl. B. 4.2) bleibt sie eine plausible Erklärung schuldig. Insbesondere ist auf diesem Lösungsweg nicht einsichtig zu machen, weshalb Mk im Vergleich zu Mt und Lk das hypothetische aramäische Urevangelium derart massiv gekürzt haben sollte. Auch die Erklärungen für die Übereinstimmungen auf den verschiedenen Vergleichsebenen überzeugen letztlich nicht. Kaum zu erklären ist, wie der vorauszusetzende intensive literarische Prozess – Entstehung des Urevangeliums und der Synoptiker bis ca. 70, Verlust der aramäischen Apostelschrift(en), die zudem keinen prägenden Einfluss auf das Joh gewonnen haben können – ohne Resonanz in der weiteren frühchristlichen Literatur bleiben konnte. Hinzu kommt, dass Sprache und Stil der Synoptiker kein »Übersetzungsgriechisch« sind (vgl. D. 1.1 »Sprache und Stil«).

3.3 Benutzungshypothesen

Der entscheidende Aspekt dieses Lösungsansatzes ist, dass eine gegenseitige literarische Abhängigkeit der ersten drei Evv vorausgesetzt wird, d. h. eines (oder auch zwei) der synoptischen Evv diente als Vorlage bei der Abfassung der anderen. Diese Hypothese wurde bereits in der alten Kirche formuliert.

Augustinus (354–430)

Als Bischof von Hippo Regius versuchte Augustinus in seinem vierbändigen hermeneutischen Traktat ›De consensu evangelistarum‹ Unstimmigkeiten zwischen den Evv zu beseitigen. Der zudem von pastoralen Anliegen gesteuerten Intention fügt sich sein einleitendes Diktum ein, die kanonische Anordnung der Evv entspräche ihrer literarischen und damit auch zeitlichen Entstehung. In Bezug auf die Synoptiker stellt er klar, dass Mk ein Auszug aus Mt sei und Lk wiederum eine Epitome aus Mt und Mk (cons. euang. 1,2; 4,10). Die Autorität des Augustinus in der lateinischen Kirche sowie der Glanz des Mt, als einziges der synoptischen Evv einen Apostelnamen zu tragen, hat die Mt-Priorität in der kirchlichen Tradition verankert. Augustinus' Modell erklärt den Aufriss der synoptischen Evv von Mt her, anderes jedoch nicht, so z. B. die Divergenzen zwischen Mt und Lk.

Mt-Priorität (Griesbach)

Johann Jakob Griesbach vertrat 1789 die Hypothese, Mk sei als das jüngste Evv anzusehen, Mt als das älteste. Mk stelle den Versuch dar, aus Mt und Lk ein handliches Exzerpt zu schaffen; damit wäre erklärt, warum Mk im Aufriss teils dem Mt, teils dem Lk folge. – Die Hypothese ist mit vielen Unwägbarkeiten belastet, vor allem hinsichtlich der Gründe für die zwingend anzunehmenden Auslassungen durch Mk. Nach welchem theologischen Konzept sollte Mk zentrale Passagen wie die Bergpredigt getilgt haben, und wie muss die Gemeinde ausgesehen haben, die das wollte oder tolerierte?

Mk-Priorität (Lachmann, Weiße, Wernle)

Anfang des 19. Jh.s beobachtete der Altphilologe Carl Lachmann (1835) bei seinen textkritischen Arbeiten zu den Evv, dass Mt und Lk in der Reihenfolge nur dann übereinstimmen, wenn sie auch dieselbe Reihenfolge wie Mk aufweisen. Er schloss daraus, das Mk die Überlieferung am ursprünglichsten wiedergeben müsse, und dass Mt mit dem Mk-Stoff noch eine Redesammlung verbunden hat, die ihm bereits vorlag.

Im Kern waren damit die beiden Konstituenten der heute leitenden Forschungsmeinung zum synoptischen Problem benannt: 1. Die Mk-Priorität und 2. die Verwendung einer zweiten Quelle, die überwiegend Redestoff (Herrenworte, Gleichnisse, Lehr- und Streitgespräche) enthielt. Lachmann zufolge bildet Mk als das älteste Evangelium das literarische Gerüst für Mt und Lk. Mt und Lk stimmen innerhalb des mit Mk gemeinsamen Stoffes nur soweit in der Reihenfolge überein, als sie auch mit Mk übereinstimmen. Dieses Material ist fast ausschließlich Erzählstoff (Wundergeschichten, Passionserzählung). Wo Mt und Lk von Mk abweichen, gehen die Seitenreferenten eigene Wege. Wenn Mt von Mk abweicht, folgt ihm Lk dabei nicht, und wenn Lk von Mk abweicht, folgt ihm Mt nicht. Mk bildet also gewissermaßen die gemeinsame Mitte für Mt und Lk. Die Verfasser des Mt und des Lk erschienen damit nicht mehr zuerst als Träger und Tradenten des apostolischen Zeugnisses von Jesu Wirken, sondern als Schriftsteller, deren individuelle Leistung in der Bearbeitung des ihnen vorliegenden Mk und nicht der eigenständigen Fixierung der mündlichen apostolischen Überlieferung besteht. – Katholischerseits war diese Auffassung bis zum II. Vaticanum alles andere als en vogue.

Lachmanns These hat den Vorzug, philologisch und nicht dogmatisch begründet zu sein. Ausgehend von der Mk-Priorität wurde der Frage nach dem zusätzlichen Stoff bei Mt und Lk gegenüber Mk nachgegangen. Christian Hermann Weiße und Christian Gottlob Wilke zeigten 1838 unabhängig voneinander, dass Mt und Lk neben ihrer Mk-Vorlage eine weitere ihnen gemeinsame Vorlage benutzt haben. Aus dieser zweiten Quelle beziehen Mt und Lk bis auf wenige Ausnahmen (vgl. C. Spruchsammlung) nur Redestoff: Logien, Logienreihen, Reden und Gleichnisse. Mit der Profilierung der zweiten Quelle neben Mk avancierte Weiße zum Begründer der »Zwei-Quellen-Theorie«. Sie hat sich in den vergangenen 150 Jahren als der praktikabelste Lösungsansatz für die synoptische Frage erwiesen. Trotz mancher neuerer Hypothesen, die bis zu acht Quellen postulieren, sowie der Renaissance der Griesbachschen Hypothese von der Mt-Priorität vor allem in der frankophonen Synoptikerforschung, legen alle wissenschaftlichen Kommentare zu den synoptischen Evv die Zwei-Quellen-Theorie zugrunde.

4.0 Die Zwei-Quellen-Theorie

4.1 »Mk-Priorität«

Das kürzere Mk-Evangelium

Bei der Darstellung des synoptischen Problems wurde als Ergebnis festgehalten: Mit der Ausnahme einiger Verse kehrt der gesamte Mk-Stoff in seinen Hauptelementen bei Lk und Mt wieder. Mt und Lk müssen folglich als Quelle das Mk oder zumindest ein ihm sehr ähnliches Werk, eine ältere oder jüngere Rezension des uns bekannten Mk, benutzt und mit zusätzlichem Material erweitert haben. Gegen eine umgekehrte Entwicklung, d. h. gegen die Annahme einer Abhängigkeit des Mk von Mt und Lk, aber auch des Mt von Lk bzw. des Lk von Mt, spricht, dass sich in diesen Fällen die umfangreichen Auslassungen des Mk nicht erklären lassen.

Der gemeinsame Aufriss

Ein Vergleich des Aufrisses der synoptischen Evv, also die Reihenfolge von Szenen, Perikopen (Texteinheiten) usw. erhärtet die Vermutung, dass dem Mk die Priorität zukommt. Wenn nämlich Mt und Lk in der Reihenfolge ihres Stoffes übereinstimmen, stimmen sie immer auch mit Mk überein. Mt und Lk weichen nie gemeinsam von der Reihenfolge des Mk ab. Dies erklärt sich plausibel dadurch, dass Mt und Lk das Mk zugrunde lag. Hinzu kommt, dass sich die Abweichungen des Mt und Lk von Mk gut durch die (schriftstellerischen und theologischen) Absichten des Mt bzw. des Lk erklären lassen. Für die umgekehrte Annahme, dass Mk die beiden Seitenreferenten exzerpierte, gelingt eine solche Plausibilisierung nicht. Beides spricht für die Mk-Priorität.

Sprachliche Beobachtungen

Sprache und Stil wirken bei Mk alltagssprachlich. Mt glättet an vielen Stellen den Mk-Text, trägt seine Vorzugswörter ein und ändert Vokabeln. Massiver sind die Eingriffe des Lk in seine Mk-Vorlage. Da für ihn die aramäischen Vokabeln des Mk offenkundig Fremdwörter sind, tilgt oder übersetzt er sie – ausgenommen Wörter innerhalb von Herrenworten, z. B. Amen und Abba. Am auffälligsten ist der Wandel in der Syntax. Anstelle der für Mk kennzeichnenden parataktischen Satzfügung mit »und« oder »und sogleich« verwendet Lk entweder »stilvollere« Konjunktionen oder Partizipial- und Relativkonstruktionen. Dadurch wirkt die Sprache des Lk eleganter, was sich an zwei Beispielen zeigen lässt:

1. Aus der »Heilung eines Gelähmten« (Mk 2,1–12 parr)

Mk 2,7a:	Was dieser da so redet? Er lästert!
Mt 9,3b:	Dieser da lästert.
Lk 5,21b:	Wer ist dieser da, der Lästerungen redet?

2. Aus der »Speisung der 5000« (Mk 6,32–44 parr)

Mk 6,33:	Und man sah sie wegfahren,
	und viele merkten es
	und liefen aus allen Städten zu Fuß dorthin zusammen
	und kamen ihnen zuvor.
Mt 14,13b:	Und als das Volk das hörte,
	folgte es ihm zu Fuß aus den Städten.
Lk 9,11a:	Als die Menge das merkte, zog sie ihm nach.

Gegenüber Mk trifft man bei Mt und Lk mitunter auf eine Leerstelle oder auf Auslassungen – insgesamt sind es 35 Verse. Bei einem Teil davon könnte hierfür der Grund sein, dass Mt oder Lk die betreffende Ausdrucksweise des Mk als anstößig oder unverständlich empfunden haben. So lässt z. B. Mk in 3,21 die Verwandten Jesu sagen: »Er (Jesus) ist von Sinnen.« Bei Mt und Lk fehlt diese Personalnotiz. Wahrscheinlich ist

Anstößigkeit auch der Grund, weshalb Mt und Lk die beiden Heilungswunder Mk 7,31–37 und 8,22–26 sowie die Instruktion für die Dämonenaustreibung übergangen haben. Die Anwesenheit eines nackten Jünglings bei der Gefangennahme Jesu war für Mt und Lk offensichtlich unverständlich und wurde deshalb getilgt. Dasselbe gilt für den kryptischen Spruch über das Salzen mit Feuer in Mk 9,49. – Dennoch lassen sich nicht alle Auslassungen aus dem Mk-Stoff bei Mt und Lk auf diese Weise erklären.

4.2 »Zweite Quelle«

Für die Annahme, dass Mt und Lk neben Mk eine gemeinsame weitere Quelle benutzt haben, gibt es eine Reihe von Indizien.

Gemeinsamer Stoff von Mt und Lk gegenüber Mk

Die erste Beobachtung ist der gemeinsame zusätzliche Stoff von Mt und Lk gegenüber Mk. Vergleicht man die Abfolge der Stoffe genauer, so fällt auf, dass z. B. Mk und Mt wiederholt voneinander abweichen. Die folgende Übersicht verdeutlicht diese Übereinstimmung und partielle Abweichung am Beispiel der Stoffabfolge Mk 1,1–2,12 und Mt 3,1–9,8.

Nimmt man an, Mk habe das über ihn hinausgehende Material bei Mt gekannt, das mehrere Kapitel umfasst, z. B. Mt 5–7, so müsste erklärt werden, weshalb er es übergangen hat. Wahrscheinlicher ist die umgekehrte Annahme, dass Mt mehr Material zur Verfügung hatte als Mk.

Zu großen Teilen findet sich das bei Mt über Mk hinausgehende Material auch bei Lk und umgekehrt, wobei dessen zusätzliches Material zwar ähnlich, aber nicht identisch ist mit jenem bei Mt, wenngleich sich mitunter wörtliche Übereinstimmungen in diesem zusätzlichen Material von Mt und Lk gegen Mk beobachten lassen, was sich gut bei der soge-

40

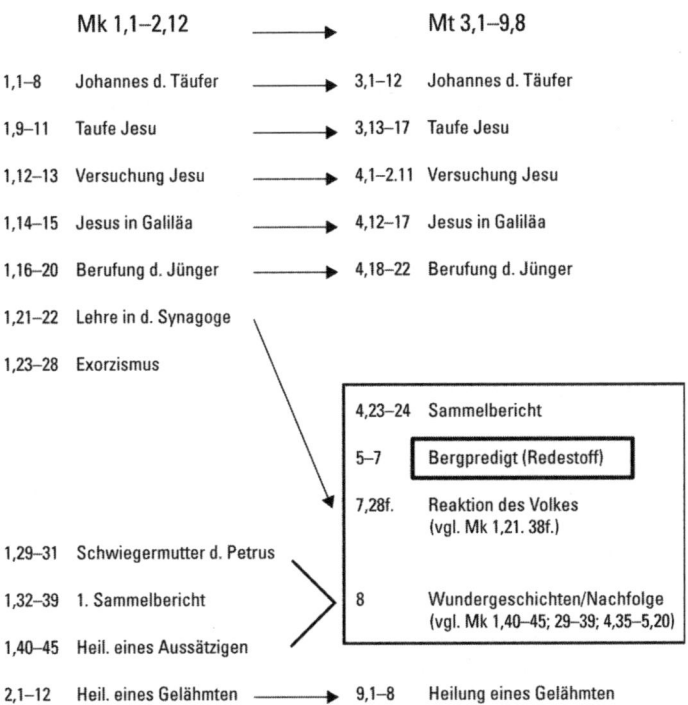

nannten Täuferanfrage (Mt 11,2–6 par Lk 7,18–22) zeigt. Stellt man diese beiden kurzen Texte nebeneinander, dann fällt auf, dass Mt und Lk auch in der nicht aus Mk entnommenen Perikope nicht nur thematisch, sondern teilweise bis in den Wortlaut hinein übereinstimmen, z. B. bei der Frage des Täufers (Mt 11,2b; Lk 7,19) und der Antwort Jesu (Mt 11,4–6; Lk 7,22f.) in Form eines Mischzitates aus Jes 29,18; 42,18; 26,19.

Daneben lassen sich auch deutliche Abweichungen feststellen, so z.B zwei zusätzliche Verse bei Lk (7,20f.) und mehrere kleinere abweichende Formulierungen. Wieder zeigt sich das bekannte Phänomen: grundsätzliche Übereinstimmung bei gleichzeitiger Abweichung. Interessant ist jedoch, dass Mt

Mt 11,2–6	Lk 7,18–23
2 Als aber Johannes im Gefängnis von den Werken Christi hörte,	18 Und die Jünger des Johannes verkündeten ihm das alles. Und Johannes rief zwei seiner Jünger zu sich 19 und
sandte er seine Jünger 3 und ließ ihn fragen: Bist du es, der da kommen soll, oder sollen wir auf einen andern warten?	sandte sie zum Herrn und ließ ihn fragen: Bist du, der da kommen soll, oder sollen wir auf einen andern warten?
	20 Als aber die Männer zu ihm kamen, sprachen sie: Johannes der Täufer hat uns zu dir gesandt und lässt dich fragen: Bist du, der da kommen soll, oder sollen wir auf einen andern warten? 21 Zu der Stunde machte Jesus viele gesund von Krankheiten und Plagen und bösen Geistern, und vielen Blinden schenkte er das Augenlicht.
4 Jesus antwortete und sprach zu ihnen: Geht hin und sagt Johannes wieder, was ihr hört und seht: 5 Blinde sehen und Lahme gehen, Aussätzige werden rein und Taube hören und Tote stehen auf, und Armen wird das Evangelium gepredigt; 6 und selig ist, wer sich nicht an mir ärgert.	22 Und Jesus antwortete und sprach zu ihnen: Geht und verkündet Johannes, was ihr gesehen und gehört habt: Blinde sehen, Lahme gehen, Aussätzige werden rein, Taube hören, Tote stehen auf, Armen wird das Evangelium gepredigt; 23 und selig ist, wer sich nicht ärgert an mir.

und Lk in der Sache und weitgehend auch im Wortlaut übereinstimmen, ohne dass Mk ihre Vorlage sein konnte.

Das zweite Beispiel ist etwas anders gelagert. Es geht um das Streitgespräch über den Sinn der Dämonenaustreibung (Mk 3,22–27 parr). Das Augenmerk gilt lediglich der Sequenz Mk 3,26–27; Mt 12,26–30; Lk 11,18–23.

Zunächst lässt sich eine grundlegende Übereinstimmung aller drei Texte feststellen. Gleichzeitig aber fällt auf, dass dem Mk-Text eine Parallele in den wörtlich nahezu identischen Abschnitten Mt 12,27–28 und Lk 11,18b–20 fehlt. Im Folgenden stimmen Mk und Mt im Wortlaut überein, während der Text bei Lk in der Formulierung abweicht. Am Ende der Perikope stimmen dann Mt 12,30 und Lk 11,23 erneut wörtlich überein, und zwar wiederum gegen Mk.

Gegen die Vermutung, Lk habe aus Mt geschöpft, spricht viererlei: 1. Ein gewisser Teil des mit Mt gemeinsamen Materials

Mt 11,26–30	Mk 3,26.27	Lk 11,18–23
26 Wenn nun der Satan den Satan austreibt, so muss er mit sich selbst uneins sein; wie kann dann sein Reich bestehen?	26 Erhebt sich nun der Satan gegen sich selbst und ist mit sich selbst uneins, so kann er nicht bestehen, sondern es ist aus mit ihm.	18 Ist aber der Satan auch mit sich selbst uneins, wie kann sein Reich bestehen? Denn ihr sagt, ich treibe die bösen Geister aus durch Beelzebul.
27 Wenn ich aber die bösen Geister durch Beelzebul austreibe, durch wen treiben eure Söhne sie aus? Darum werden sie eure Richter sein. 28 Wenn ich aber die bösen Geister durch den Geist Gottes austreibe, so ist ja das Reich Gottes zu euch gekommen.		19 Wenn aber ich die bösen Geister durch Beelzebul austreibe, durch wen treiben eure Söhne sie aus? Darum werden sie eure Richter sein. 20 Wenn ich aber durch Gottes Finger die bösen Geister austreibe, so ist ja das Reich Gottes zu euch gekommen.
29 Oder wie kann jemand in das Haus eines Starken eindringen und ihm seinen Hausrat rauben,	27 Niemand kann aber in das Haus eines Starken eindringen und seinen Hausrat rauben,	21 Wenn ein Starker gewappnet seinen Palast bewacht, so bleibt, was er hat, in Frieden.
wenn er nicht zuvor den Starken fesselt?	wenn er nicht zuvor den Starken fesselt;	22 Wenn aber ein Stärkerer über ihn kommt und überwindet ihn, so nimmt er ihm seine Rüstung, auf die er sich verließ,
Erst dann kann er sein Haus berauben.	erst dann kann er sein Haus berauben.	und verteilt die Beute.
30 Wer nicht mit mir ist, der ist gegen mich; und wer nicht mit mir sammelt, der zerstreut.		23 Wer nicht mit mir ist, der ist gegen mich; und wer nicht mit mir sammelt, der zerstreut.

im Lk weicht in Wortlaut und Anordnung stark von diesem ab. 2. Bei einer Abhängigkeit des Lk von Mt müsste erklärt werden, weshalb Lk die groß angelegte Bergpredigt zerschlagen hat, um sie teilweise in andere Kontexte sowie teilweise in seine Feldrede zu integrieren (Lk 6,20–49). 3. Ferner müsste begründet werden, wieso sich das Mt und Lk gemeinsame Material kein einziges Mal in beiden Evv an derselben Stelle im Mk-Aufbau findet – abgesehen von kleineren Ergänzungen, wie z. B. in Mt

11,26 und Lk 7,18–23. 4. Schließlich müsste einsichtig gemacht werden, weshalb Lk in den Kindheitsgeschichten und in den Erscheinungsgeschichten derart stark von Mt abweicht und auch kein Wissen um die entsprechenden Texte des Mt erkennen lässt. Analoge Einwände lassen sich gegen eine Benutzung des Lk durch Mt erheben. Das über Mk hinausgehende Material kann also weder Lk unmittelbar von Mt noch Mt unmittelbar von Lk übernommen haben. Mt und Lk müssen demnach als literarisch voneinander unabhängig gelten.

Da jedoch bei dem über Mk hinausgehenden Material Mt und Lk nicht selten wörtlich übereinstimmen und bei der zu beobachtenden Abweichung in der Reihenfolge immerhin bei Mt und Lk die Kompositionsstrukturen parallel sind (z. B. Bergpredigt/Feldrede), ist zweierlei zu folgern: 1. Beiden Verfassern muss unabhängig voneinander ein weiteres Werk vorgelegen haben, das sie als zweite Quelle neben Mk benutzt haben. 2. In dem Werk dominierte der Redestoff. – Mit diesen zwei (literarischen) Annahmen lässt sich das Problem der Übereinstimmungen von Mt und Lk gegen Mk weitgehend stimmig erklären.

Dubletten und Doppelüberlieferungen

Zweimal bringen Mt und Lk eine Reihe von Herrenworten, ein erstes Mal im gleichen Zusammenhang wie Mk und ein zweites Mal in Redestücken, die sich nur bei Mt und Lk finden. Es handelt sich um Dubletten bzw. Doppelüberlieferungen (Kümmel 40). Dubletten sind Texte, die ein Ev zweimal bietet. Doppelüberlieferungen hingegen sind Texte, die zwei Evv bieten, aber in abweichender Gestalt. Demgegenüber enthält das Mk nur eine einzige Dublette, nämlich das Logion von den Ersten und Letzten, das sich in den thematisch verwandten Kontexten des Rangstreits unter den Jüngern (Mk 9,35) und der Bitte der beiden Zebedäussöhne Johannes und Jakobus um einen Ehrenplatz im Gottesreich (Mk 10,43f.) findet. Die

Dubletten im Mt und Lk dürften sich folglich aus einer Doppelüberlieferung erklären, d. h. Mt und Lk müssen offensichtlich neben Mk eine zweite Quelle benutzt haben, die ihnen partiell gleiches Material bot wie Mk.

Dubletten und Doppelüberlieferungen

Wer hat, dem wird gegeben.

Mt 13,12	Mk 4,25	Lk 8,18
Mt 25,29		Lk 19,25

Will jemand mir nachfolgen, ... trage sein Kreuz ...

Mt 16,24f.	Mk 8,34f.	Lk 9,29f.
Mt 10,38f.		Lk 14,27f.
		Lk 12,32

Wenn deine Hand oder dein Fuß dich zum Bösen verführt, hau sie ab.

Mt. 18,8f.	Mk 9,45f.
Mt 5,25f.	

Wer immer seine Frau entlässt ... und eine andere heiratet, begeht Ehebruch ...

Mt. 19,9	Mk 10,11f.
Mt. 5,32	

Aussendungen der Jünger

Mt 10,1.7–11.14	Mk 6,7–13	Lk 9,1–6
Mt 9,30f.		Lk 10,1–16
10,16a.9–10a.12–13. 10b.7.14–15;		
11,21–23a		

Zwischenergebnis

Die Übereinstimmung zwischen Mt und Lk außerhalb des Mk-Stoffes, die Tatsache, dass es sich hierbei fast ausschließlich um Redestoff handelt, sowie die Dubletten zu Herrenworten, die auch im Mk überliefert sind, lassen nur den Schluss zu: Mt und Lk haben unabhängig voneinander und neben Mk ein weiteres Werk benutzt und verarbeitet, eine Sammlung, die hauptsächlich kurze Herrenworte, einige Worte des Täufers und vor allem Gleichnisse Jesu enthielt. Da diese Quelle hauptsächlich Redestoff beinhaltet hat und in ihr Logien schon zu Spruchgruppen zusammengestellt gewesen sein dürften, gab die Evangelienforschung dieser Sammlung im Blick auf die ihr später zugewachsene Funktion für Mt und Lk die Bezeichnung Spruchquelle, Rede(n)quelle oder Logienquelle. Seit Ende des 19. Jh.s setzt man für sie das Siegel »Q« (vgl. C. 1.2).

Wahrscheinlich lag Mt und Lk diese Spruchsammlung schriftlich vor, und zwar bereits in Griechisch. Darauf weisen die wörtlichen Übereinstimmungen des ihr entnommenen Spruchgutes bei Mt und Lk sowie die weithin übereinstimmende Reihenfolge der Dubletten. Diese Sammlung von Logien und Gleichnissen ist nur noch in Gestalt ihrer Rezeption in Mt und Lk erhalten.

Das Verhältnis von Mk und Q

Mk hat einige Texte mit Q gemeinsam, z. B.:

- die Verkündigung des Täufers (Mk 1,7),
- die Versuchung Jesu (Mk 1,12f.),
- das Beelzebulgespräch (Mk 3,22–30),
- das Gleichnis vom Senfkorn (Mk 4,30–32).

Diese Überschneidungen in Thema und Wortwahl beruhen nicht auf literarischer Abhängigkeit, sondern auf mündlicher Überlieferung. Die wenigen Gemeinsamkeiten zwischen Q und Mk sind demnach Zufall. Da Q wohl ursprünglich aramäisch war und aus nordpalästinischen Kreisen stammen wird (vgl. C. 2.2), nimmt man an, dass Q älter ist als Mk bzw. als jener Mk-Text, der Mt und Lk als zweite Quelle diente.

4.3 Das Sondergut bei Mt und bei Lk

Mittels der Zwei-Quellen-Theorie lässt sich die Herkunft von etwa 80 % des Mt und etwa zwei Dritteln des Lk plausibel erklären; entweder ist Mk oder Q als Quelle benutzt worden. Ein Fünftel des Materials bei Mt findet sich weder bei Mk noch bei Lk und

Sondergut des Mt		Sondergut des Lk	
1-2	Vorgeschichte	1-2	Vorgeschichte
		3,10-14	Standespredigt des Täufers
		3,23-38	Geschlechtsregister
		5,1-11	Fischzug des Petrus
		7,11-17	Der Jüngling von Nain
		7,36-50	Die große Sünderin
		8,1-3	Die dienenden Frauen
		9,51-56	Ablehnung Jesu in Samaria
		10,18-20	Worte bei der Rückkehr der Jünger
		10,29-37	Der barmherzige Samariter
		10,38-42	Martha und Maria
		11,5-8	Gleichnis vom bittenden Freund
12,5-7.11-12	Sprüche über den Sabbat	11,27-28	Seligpreisung der Mutter Jesu
13,24-30	Gleichnis v. Unkraut unter d. Weizen	12,13-21	Der reiche Narr
13,36-43	Deutung d. Gleichnisses vom Unkraut	12,35-37	Vom wiederkommenden Herrn
13,44-46	Gleichnis vom Schatz und von d. Perle	12,47-48	Vom Knechtslohn
13,47-50	Gleichnis vom Fischernetz	12,49	Spruch vom Feuer
13,51-52	Bildwort vom Hausvater	12,54-56	Zeichen der Zeit
14,28-31	Petrus auf dem Meer	13,1-9	Bußruf über Israel
16,17-19	Petrus, der Fels	13,10-17	Heilung einer Frau am Sabbat
17,24-27	Tempelsteuer	13,31-33	Die Nachstellungen d. Herodes Antipas
18,10	Die Engel der Kleinen	14,1-6	Heilung eines Wassersüchtigen
18,(15)16-20	Gemeindeordnung	14,7-14	Gastmahlsreden
18,23-35	Die Parabel vom Schalksknecht	14,28-33	Von den Jüngerpflichten
19,10-12	Von den Verschnittenen	15,8-10	Der verlorene Groschen
20,1-16	Gleichnis v. d. Arbeitern im Weinberg	15,11-32	Der verlorene Sohn
21,14-16	Blinde, Lahme und Kinder im Tempel	16,1-12	Der ungerechte Verwalter
21,28-32	Gleichnis von den ungleichen Söhnen	16,14-15	Der Hochmut der Pharisäer
25,1-13	Gleichnis von den zehn Jungfrauen	16,19-31	Vom reichen Mann und armen Lazarus
25,31-46	Vom Weltgericht	17,7-10	Vom Knechtslohn
26,52-53	Worte Jesu bei der Verhaftung	17,11-19	Heilung der zehn Aussätzigen
27,3-10	Das Ende des Judas	18,1-8	Gleichnis vom Richter und der Witwe
27,19	Die Frau des Pilatus	18,9-14	Gleichnis vom Pharisäer und Zöllner
27,24-25	Pilatus und das Volk	19,2-10	Zachäus
27,51-53	Wunder bei Jesu Tod	19,41-44	Weissagung über Zerstörung Jerusalems
27,62-66	Die Grabeswächter	22,15-18	Das Passamahl als Abschiedsmahl
28,2-3	Der Engel, der den Stein wegwälzt	22,35-38	Worte Jesu beim letzten Mahl
28,9-10	Der Auferstandene vor den Frauen	23,6-16	Jesus auf dem Weg nach Golgatha
28,11-15	Der Betrug der Hierarchen	23,39-43	Der Schächer am Kreuz
28,16-20	Der Auferstandene vor den Jüngern	24,13-35	Die Emmausjünger
		24,36-53	Offenbarung in Jerusalem und Himmelfahrt des Auferstandenen

analog hat Lk etwa ein Drittel solchen Sondergutes. Das Sondergut ist (bestimmten) Traditionsbereichen zuzuordnen. Seine Klassifizierung und Rückführung ist sehr schwierig.

Eindeutiges lk Sondergut (lk-S) sind die Kindheitsgeschichte Lk 1–2 sowie die Erscheinungsberichte Lk 24,13–53.

Daneben lassen sich erhebliche Einflüsse lk Sondertraditionen im Bericht vom Auftreten des Täufers feststellen sowie in der öffentlichen Tätigkeit Jesu (Geschlechtsregister, Fischfang des Petrus, junger Mann von Nain, Sünderin, Frauen im Gefolge Jesu). Innerhalb der Leidensgeschichte rechnet man zum lk-S: die Gestaltung des Paschamahls als Abschiedsmahl, der Kreuzweg und der Schächer am Kreuz. Weiteres Sondergut sind die Erscheinung in Jerusalem, die Jünger von Emmaus und die Himmelfahrt Jesu.

Die Hauptmasse des lk-S findet sich innerhalb des sog. Reiseberichtes (Lk 9,51–19,28) in der »großen lk Einschaltung« (Lk 9,51–18,14), nämlich die Ablehnung Jesu in Samaria, die Worte bei der Rückkehr der Jünger, der barmherzige Samariter, die Schwestern des Lazarus, Leiden am Kreuz, das Gleichnis vom bettelnden und bittenden Freund, die Seligpreisung der Mutter Jesu, der Reiche, der wiederkommende Herr, der Lohn des Knechtes, der Spruch vom Feuer u. a. Ab Lk 14,1 wird das lk-S bestimmend: Heilung des Wassersüchtigen, Bescheidenheit, Lehre von den rechten Gästen, guter Vater, guter Verwalter, Prasser, Gleichnis vom unnützigen Sklaven, dankbarer Samariter, vom Kommen des Gottesreiches und des Menschensohnes, Geschichte des Zachäus, vom Richter und der Witwe, Pharisäer und Zöllner, Zerstörung Jerusalems u. a.

Die Liste zeigt, dass Lk seine Sondertraditionen erstens über das gesamte Evangelium verteilt und zweitens blockartig zusammengestellt hat. Sowohl das Material aus seiner Sondertradition als auch das Material aus Q baut er en bloc in das mk Gerüst ein.

Zum Sondergut bei Mt gehört die Kindheitsgeschichte (Mt 1–2), die hinsichtlich Konzeption, Struktur und Inhalt von anderer Art ist als im Lk, sodann Abschnitte im Rahmen der Bergpredigt (Mt 5–7), ferner eine Reihe von Logien und Gleichnissen, vor allem innerhalb der Gleichnisrede Mt 13, sowie die abschließenden Erscheinungsberichte und der Missionsauftrag in Mt 28. Auffällig ist, dass sich das mt Sondergut am Beginn des Mt findet und dann erst wieder ab Mt 12.

Über die Herkunft des mt-S und lk-S, die soziokulturellen Kontexte und das theologische Profil dieser beiden Sondertraditionen lassen sich keine gesicherten Aussagen gewinnen. Auch der Umfang ist nicht gesichert; das zeigt ein Vergleich mit alternativen Verzeichnissen in bekannten Einführungen ins NT; bisweilen werden Verse oder Versfolgen des mt und lk Sondergutes einer Variante der Spruchsammlung (mt-Q, lk-Q) zugewiesen.

Die Masse des mt und lk Sondergutes stammt aus der mündlichen Jesusüberlieferung, die neben Mk und neben Q in den Gemeinden virulent war. Das sogenannte Papias-Zeugnis ist ein Beleg, dass solche mündliche Jesustraditionen im 2. Jh. im Umlauf waren. Auch deshalb muss gerade im Sondergut mit Lokaltraditionen gerechnet werden, die für bestimmte Gemeinden eine identitätsstiftende Jesuserinnerung und Jesusinterpretation darstellten und deshalb weitererzählt wurden. Diese regional tradierten Texte besaßen den Nimbus der Authentizität, und in ihnen fand sich die Gemeinde mit ihrer Erinnerung an Jesus wieder. Das Sondergut im Mt und im Lk diente deshalb sicherlich auch dazu, dem jeweiligen Ev durch Wiedererkennungselemente Akzeptanz in den Adressatengemeinden zu sichern.

Im lk-S finden sich mehrfach sozialethische Themen und Frömmigkeitsformen behandelt, z. B. Jesu Plädoyer für die Armen und die Kritik an den Reichen, Jesu Umgang mit sozialer Marginalität, Akzentuierung des Gebetes und der Demut. Die Lk-Forschung lokalisiert diese Traditionen in einer judenchristlichen Gemeinde im Umfeld von Jerusalem. Diese dem Judentum noch eng verbundenen Christen zeigen sich überzeugt, dass Israel nur eine Zukunft hat, wenn es sich wie Jesus voll Erbarmen den Randgruppen zuwendet. Die Adressaten dieser Traditionen sind also die Reichen, die Eliten, all jene, die in der Jesus-Nachfolge Erbarmen konkret realisieren können.

Das mt-S ist demgegenüber thematisch uneinheitlich. Entsprechend tappt man beim Versuch, diese Traditionen soziokulturell, kirchengeschichtlich und theologisch zu verorten im Dunkeln.

Die Postulierung von Sondergut bei Mt und bei Lk macht deutlich, dass die Zwei-Quellen-Theorie nicht alle Probleme und Fragen des Verhältnisses der ersten drei Evv untereinander zu lösen vermag. Bei nicht wenigen Texten bleibt die Zuordnung zu Q oder zu einer der Sondertraditionen völlig unsicher. – Weitere und offene Fragen kommen hinzu.

4.4 Unsicherheiten und offene Fragen

Es handelt sich um drei Phänomene: a. Das Eigengut des Mk, b. die »lukanische Auslassung« (Mk 6,45–8,26), c. die »minor agreements«.

Das »Eigengut« des Mk

Insgesamt 35 Verse des Mk finden sich weder bei Mt noch bei Lk. Zu diesem »mk Eigengut« gehören folgende Perikopen:

4,26–29	Gleichnis vom Wachsen der Saat,
7,31–37	Heilung eines Taubstummen,
8,22–26	Heilung eines Blinden in Betsaida.

Zum mk Eigengut zählen auch Teile anderer Perikopen, mitunter auch nur Wörter daraus, die in den Parallelen der Seitenrefenten nicht begegnen: Mk 2,26f.; 3,20f. (Jesus gilt als »verrückt«); 9,29; 9,48; 12,32–34; 14,51 (Notiz vom nackten, jungen Mann); 15,21.

An einigen Stellen scheinen Mt und Lk Material des Mk bewusst ausgelassen zu haben. Entweder empfanden sie das Material als anstößig oder es war für sie bzw. ihre Gemeinden unverständlich oder wurde aus dogmatischen Gründen übergangen. Kein plausibler Grund lässt sich indes für die Auslassung des Gleichnisses von der selbstwachsenden Saat (Mk 4,26–29) angeben. Entweder ist der Text übersehen worden oder er stand nicht in der von Mt und Lk benutzten Mk-Vorlage (bzw. in den Mk-Vorlagen). Träfe letzteres zu, dann wäre dieses Gleichnis entweder ein »nachmarkinischer Zuwachs« oder ein Beleg für die Existenz eines vom kanonischen Mk abweichenden Mk-Textes, der von Mt und Lk benutzt wurde (Mk-x und Mk-y).

Die »lukanische Auslassung« (Mk 6,45–8,26)

Im Lk fehlt ein Pendant zu dem ziemlich umfangreichen Textabschnitt Mk 6,45–8,26, der vom Seewandel nach der Speisung der 5000 bis zur Blindenheilung vor dem Bekenntnis des Petrus (Mk 8,27–30 parr) reicht. Auffällig ist dies aus zwei Gründen: 1. Der Abschnitt fehlt en bloc, 2. Lk folgt vor und nach dieser Auslassung dem Aufriss des Mk. Die Auslassung von neun zusammenhängenden Perikopen wird meist als Indiz für eine frühere und zwar kürzere Mk-Fassung gewertet. Heinrich Schürmann (525–527) hat indes gezeigt, dass Lk diesen fehlenden Abschnitt gelesen haben muss, weil sich verteilt über das gesamte Lk sprachliche Reminiszenzen daran nachweisen lassen. Wahrscheinlich hat Lk also die genannten Perikopen aus kompositorischen Gründen ausgelassen.

»minor agreements«

Als »minor agreements« bezeichnet die Evangelienforschung Übereinstimmungen von Mt und Lk gegen das kanonische Mk, obwohl die Substanz des Textes offensichtlich aus Mk übernommen ist. Es handelt sich um kleinere, aber signifikante syntaktische und stilistische Übereinstimmungen, z. B. in der Wortwahl und in bestimmten Wendungen; niemals betreffen die minor agreements ganze Sätze. Ein Beispiel: Mt 13,11 parallel Lk 8,10 gegen Mk 4,11; Mt und Lk formulieren: »Euch ist gegeben, zu erkennen die Geheimnisse des Himmelreiches …«, während man bei Mk liest: »Euch ist gegeben das Geheimnis der Königsherrschaft …« . Ein weiteres Beispiel ist die Heilwundergeschichte Mk 9,14 –29 und ihre Parallelen.

Die Erklärung dieser Auffälligkeit ist schwierig. Philipp Vielhauer weist zu Recht darauf hin, dass es nichts ›Unnatürliches‹ ist, wenn zwei ähnlich arbeitende Schriftsteller bei der verbessernden und straffenden Wiedergabe desselben Textes unabhängig voneinander zu denselben Einfällen kommen.

Diese Unsicherheiten zeigen, dass die Synoptikerforschung verstärkt nach den Beziehungen zwischen den Gemeinden fragen müsste, die hinter den drei Evv stehen, sowie nach den Beziehungen zum Trägerkreis von Q. Zumindest für Mk, Mt und Q scheint diese Überlegung sinnvoll, weil deren Trägerkreise in Antiochia am Orontes und dessen Umland vermutet werden und darum wechselseitige Kenntnisse vorstellbar sind. Die Beziehungen zwischen Christen unterschiedlicher Provenienz und deren Bedeutung für das Werden der ältesten Evv ist noch ein weites, weitgehend unbearbeitetes Feld der Forschung.

4.5 Modifizierungen

Die gegenwärtige Forschung versucht indes, die genannten Aporien der Zwei-Quellen-Theorie durch Modifikationen ihres Paradigmas zu lösen. Die beiden wichtigsten seien kurz vorgestellt.

Verschiedene Mk-Versionen

Durch die Annahme von verschiedenen Mk-Versionen könnten vier Probleme behoben werden. 1. das Problem des mk Eigengutes, 2. das Problem der »großen Auslassung« des Lk, 3. die »minor agreements«, insofern man ein sprachlich entsprechend unterschiedlich bearbeitetes Mk annimmt, und 4. jene

sonderbaren Fälle, wo nur Mt oder Lk eine Perikope aus Mk
übernimmt: Mk 1,21–28 par Lk 4,31–37 (eine Dämonenaustreibung) oder Mk 6,17–29 par Mt 14,3–12 (der Tod Johannes' des Täufers).

Die Annahme ungleicher Mk-Versionen bedeutet, dass
das Mk eine variable Größe war und die jeweilige Mk-Vorlage
des Mt und des Lk mit dem kanonischen Mk *nicht* identisch
ist, sondern ihm nur im Großen und Ganzen entspricht. Somit
wäre von drei Versionen des Mk auszugehen, nämlich je eine
Version, die Mt respektive Lk als Vorlage gedient hat, und
eine dritte, die zum kanonischen Mk führte. Die Schwierigkeit
dieser Annahme besteht darin, dass diese hypothetischen Mk-
Vorlagen der Seitenreferenten keine Resonanz in der Text-
geschichte des Mk gefunden haben.

Verschiedenen Q-Versionen

Schenke/Fischer rechnen auch für Q mit einem mehrstufigen
Entstehungsprozess. Dabei habe Q Änderungen im Wortlaut
und Bestand erfahren, sodass verschiedene Q-Versionen im
Umlauf sein konnten. Die Differenzen zwischen dem Q-Stoff
in Mt und in Lk können aber auch als Beleg für die unterschiedlichen kompositorischen Verfahrensweisen und schriftstellerischen Ambitionen von Mt und Lk verstanden werden.
Daraus wird ersichtlich, dass die Diskussion über eine mög-
lichst plausible Erklärung der ›unstimmigen Übereinstimmung‹ der ersten drei Evv keineswegs abgeschlossen ist.

4.6 Abschluss

Die beiden Modifikationen sind weniger spektakuläre Diskus-
sionsbeiträge zum synoptischen Problem. Neuere Hypothesen
arbeiten zum einen mit vier, acht oder elf Quellen, und entsprechend hypothetisch stellt sich das Ganze dar. Zum anderen

Modifizierte „Zwei-Quellen-Theorie"

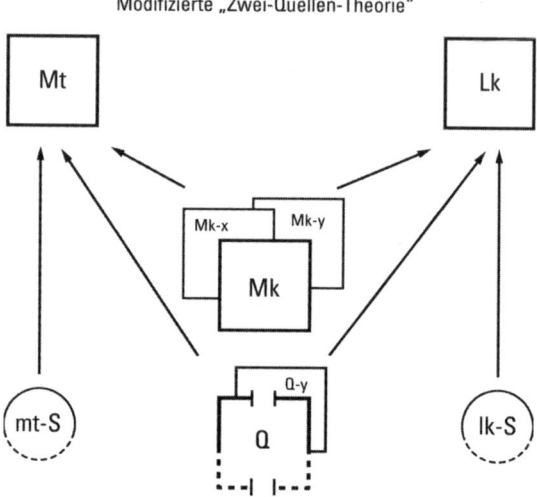

werden entweder ältere Ansätze, z. B. die Mt-Priorität, aufgegriffen oder eine komplexe Genese der Quellen und Abhängigkeiten postuliert. Vor allem in der anglo-amerikanischen Evangelienforschung wird versucht, ausgehend vom Petrusevangelium (EvPetr) die Genese der synoptischen Evv zu erhellen (Crossan; dazu kritisch: Klauck 117f.; Bultmann [Theißen] 439–441).

Solange diese Vorschläge nur Hypothesen sind, gilt die Ansicht von Philipp Vielhauer, dass die »quellenkritische Arbeit an den Synoptikern mit der Zwei-Quellen-Theorie tatsächlich ihr Ende erreicht hat«. Die Zwei-Quellen-Theorie ist in Verbindung mit der Annahme von jeweiligem Sondergut bei Mt und Lk sowie von Varianten der beiden Hauptquellen jenes Erklärungsmodells für die unstimmige Übereinstimmung der Synoptiker, das mit dem geringsten Schwierigkeitsgrad die meisten Phänomene zu erklären vermag.

Der historisch-kritische Vergleich kann nur ein Bemühen sein, die Eigenart der einzelnen Evv besser kennen zu lernen. Aber trotz aller Findigkeit bei der Lösung des synoptischen Problems bleibt dabei eine, und vielleicht die entscheidende Frage offen: Warum haben Mt und Lk den Mk-Text überarbeitet?

An dieser Stelle wird klar, dass diesem verwickelten Werdeprozess des Mt und Lk, ja der Jesus-Überlieferung insgesamt, theologische Konzeptionen vorausliegen. Diese Konzeptionen der Evangelisten – oder der Gemeinden, aus denen sie stammen und für die sie schreiben – sind bestimmte Erschließungen der historischen Gestalt und der theologischen Bedeutung des Jesus von Nazaret. Bereits in einer relativ frühen kirchengeschichtlichen Phase, spätestens in der dritten christlichen Generation, scheint es naheliegend, erforderlich oder zwingend geworden zu sein, den Glauben an Jesus, den Christus und Sohn Gottes, geschichtlich zu verankern; in den Evv geschieht das auf narrative Weise.

C. Spruchsammlung (Q)

Broer 54–72; Hoffmann/Heil 11–28; Schnelle 194–214; Schürmann (1968); Vielhauer 311–329.

1.0 Literarische Aspekte

Die von der Zwei-Quellen-Theorie postulierte zweite gemeinsame Quelle für Mt und Lk hat 1890 Johannes Weiß mit dem Siegel »Q« bezeichnet; er verstand darunter eine Sammlung von »Reden« und »Logia« Jesu. Im Jahr 1907 erschien durch Adolf von Harnack der erste Versuch, Q wiederherzustellen, womit er die Erwartung verband, aus dieser Rekonstruktion das »Wesen des Christentums« aufdecken zu können. Bis zum Ende des Zweiten Weltkrieges hat die deutsche und angelsächsische Synoptiker- und Q-Forschung in wegweisenden Studien Q zumeist als primär ethische Ergänzung und Entfaltung der für die antiochenisch-paulinische Tradition signifikanten Christus-Verkündigung aufgefasst. Mit dem Aufschwung der redaktionsgeschichtlichen Methode brach sich die Einsicht Bahn, dass Q durch ein gegenüber der paulinischen Verkündigung eigenständiges Kerygma und einen eigenständigen christologischen Entwurf profiliert ist (Köster, Robinson). Aufbauend auf der form-, traditions- und redaktionsgeschichtlichen Forschung konzentriert sich das Interesse gegenwärtig auf die Profilierung der Theologie von Q und der Soziologie ihres Trägerkreises sowie deren Einordnung in die Frühchristentumsgeschichte. Im »International Q-Project« (IQP) erschien 2000 eine kritische Q-Rekonstruktion; ein großer wissenschaftlicher Kommentar zu Q ist ein Desiderat.

1.1 Literarisches Postulat

Q ist ein literarisches Postulat der Zwei-Quellen-Theorie. Ein literarisches Analogon zu Q ist das Thomasevangelium (EvThom), eine Sammlung aus 114 Reden und Sprüchen Jesu, wovon viele in ähnlicher Weise auch bei Mt und Lk (Schürmann 228–247) begegnen. Als Beispiele seien der weisheitliche Mahnspruch EvThom 26 über »den Splitter im Auge deines Bruders« (vgl. Mt 7,3.5; Lk 6,41f.) und die Jüngerbelehrung über die rechte Frömmigkeit in EvThom 6 genannt:

> Seine Jünger fragen ihn: sie sagten zu ihm: »Willst du, dass wir fasten? Und auf welche Weise sollen wir beten? Und sollen wir Almosen geben? Und welche Speisevorschriften sollen wir beachten?« Jesus sagte: »Lügt nicht! Und das, was ihr hasst, tut nicht. Denn enthüllt ist alles vor dem Himmel. Denn es gibt nichts Verdecktes, das ohne Enthüllung bleiben wird« (vgl. Mk 2,18–22; Mt 9,14–17; Lk 5,33–39; 11,1–4; Mt 6,1–18; EvThom 27a. 104).

Auch der Weisheitsspruch in der synoptischen Jüngerbelehrung über das Fasten (Mk 2,21f. parr) findet sich im EvThom, allerdings in umgekehrter Reihenfolge (EvThom 47b). Auffällig ist ferner, dass sich der Stoff von zwölf Gleichnissen im EvThom (Logion 9. 96. 64. 65. 109. 76. 8. 21. 22. 97. 107) bei den Synoptikern wiederfindet, und zwar die ersten sechs aus der Reihe im Mt (viererlei Äcker, Senfkorn, böse Winzer, Schatzgräber, großes Festmahl, Perle), die ersten vier bei Lk und zudem die ersten drei bei Mk.

Die reichen Berührungen des EvThom mit dem Redestoff in der synoptischen Tradition bekräftigen die Annahme, dass von frühester Zeit an Logien Jesu zu Sammlungen verbunden wurden, die peu à peu angewachsen und durchkomponiert worden sind und dabei auch nach theologischen Präferenzen überformt sowie gewandelten Bedürfnissen der Gemeinden angepasst wurden. Q repräsentiert hierbei ein frühes Stadium, wohingegen das EvThom wegen seiner gnostischen Färbung als ein fortentwickeltes Pendant zur Spruchsammlung Q anzusehen ist, das allerdings, wie andere frühchristliche Spruchreihen und -sammlungen, z. B. das EvPhil, von Q literarisch unabhängig ist.

1.2 Benennung und Gattung von »Q«

Durch die Unterscheidung von Tradition und Redaktion in Q ist das Werk als komplexe Komposition erkannt worden und hat neben der Frage nach seiner literarischen Genese (vgl. C. 1.4) den Wunsch nach einer sachgemäßen Bezeichnung für Q aufkommen lassen. Gegenüber den Synonyma »Logien-, Spruch-, Rede(n)quelle«, die Q in seiner Funktion für Mt und Lk benennen, wurde »Spruchbuch« (Schürmann) vorgeschlagen, um die Eigenständigkeit und kompositorische Qualität von Q hervorzuheben. Der alternativen, inhaltliche Akzente setzenden Bezeichnung als »Prophetenbuch« (Sato) steht indes entgegen, dass in Q eine zentrale Prophetenberufung fehlt und Jesus nicht dezidiert als Prophet profiliert wird. Die als redaktionell erkannte Herkunft der am chronologischen Aufriss der synoptischen Evv orientierten Stoffabfolge in Q sowie die Eintragung biographischer und narrativer Elemente (Täufer, Taufe; Versuchung; szenische Rahmung und damit Situierung von Logien) hat die Bezeichnung »Spruchevangelium« (Robinson, Kloppenborg Verbin, Hoffmann) aufkommen lassen. Unter Hinweis auf literarische Formen der Biographie im paganen Schrifttum wurde »ideale Spruchbiographie« (Dormeyer) und »Biographie eines kynischen Lehrers« (Downings) empfohlen. Die Bezeichnung »Halbevangelium« (Jülicher/Fascher, Schnelle) reflektiert dieselben texttheoretischen Einsichten, bringt aber deutlicher zur Geltung, dass Q vermutlich ebenso wie EvThom kein Werk nach Art der kanonischen Evv war. Wie das EvThom wird Q keine Passionsgeschichte und keinen Erscheinungsbericht enthalten haben sowie nur wenige narrative Elemente; auch die Kindheit Jesu spielt in beiden Werken keine Rolle. EvThom und Q setzen zwar das Kerygma von Tod und Auferstehung Jesu voraus (Vielhauer), aber dieses wird weder narrativ präsentiert oder in einen biographischen Aufriss gestellt noch wird es passionssoteriologisch gewürdigt. Allerdings birgt und intendiert in Q die mehrfache Erwähnung des gewaltsamen Todes als typisches Prophetenschicksal eine theologische Erschließung des Todes Jesu. Unter Akzentuierung des theologischen statt des an den synoptischen Evv orientierten literarischen Evangeliumsbegriffes gilt Q als »ein ›Evangelium‹ eigenen Typs, eine Äußerung der Sophia-Christologie«, das für die Trägerkreise »sicher *das* ›Evangelium‹ war« (Schenke/Fischer).

Einer Klassifikation (Bultmann [Theißen] 444f.) als »Weisheitssprüche« (Robinson; vgl. auch Kloppenborg Verbin), als »Instruktion« (Kloppenborg Verbin) oder als »Testament« steht indes die biographische Dimension von Q entgegen, mögen auch die atl.-jüd. Weisheitsliteratur sowie die Praxis, Sprüche eines Lehrers zu sammeln und zu sortieren, als Vorbilder gedient haben (Küchler).

Allen genannten Bezeichnungen für Q ist bereits eine gattungsgeschichtliche Einordnung des Werkes inhärent. Die europäische Forschung leitet Q aus Prophetie und Apokalyptik her, in Nordamerika wird hingegen auf die jüd. Weisheitsliteratur verwiesen. Wegen des hypothetischen Charakters der Spruchsammlung und ihrer mit Unwägbarkeiten befrachteten Genese empfiehlt sich, an Stelle einer strikt alternativen Herleitung zum einen die durch die Redaktion vorgenommene eschatologische und prophetische Profilierung weisheitlicher Sequenzen sowie die Veranschaulichung eschatologisch-apokalyptischer Motive mittels weisheitlicher Formen hervorzuheben und zum anderen die Anklänge an pagane Viten zu beachten.

Angesichts der formalen Analogien mit Spruchsammlungen im Frühjudentum, z. B. Spr, Sir, Ps-Phokylides, und im Frühchristentum, z. B. EvThom, EvPhil, Sprüche des Sextus, scheint indes die alte Bezeichnung »Spruchsammlung« für das gattungsgeschichtliche Kompositum »Q« noch nicht überholt.

Warum die Spruchsammlung Q als selbstständiges Werk nicht erhalten ist, sondern durch Mt und Lk verarbeitet unterging, lässt sich kaum mehr klären.

1.3 Umfang, literarische Formen, Struktur

Umfang

Zur Spruchsammlung hat sicher das Überlieferungsgut gehört, das Mt *und* Lk *gemeinsam* haben *gegen* Mk; es handelt sich um ca. 4000 Wörter. Eine exakte Abgrenzung und Bestimmung des Umfangs scheitert, weil im Einzelfall nicht selten Unsicherheiten bleiben, welcher Text aus Q stammt. Nicht zuletzt weil Q ein literarisches Postulat ist, bestehen mehrere Möglichkeiten, die Differenzen zwischen Mt und Lk in stoffverwandten Textabschnitten zu erklären: 1. Die Unterschiede – z. B. Versuchung Jesu (Mt 4,1–11 par Lk 4,1–13), vier Seligpreisungen bei Lk (6,20–26), neun bei Mt (Mt 5,3–12), Vaterunser (Mt 6,9–13 par Lk 11,2–4), Gastmahl (Mt 22,1–14 par Lk 14,15–24) – können Überarbeitungen desselben Q-Textes durch Mt und Lk signalisieren. 2. Die stoffverwandten Texte können dem jeweiligen Sondergut entstammen (z. B. Mt 23,1–36; Lk 3,10–14; 9,61f.; 12,49; 15,8–32). 3. Die Differenzen können Kommentierungen des jeweiligen Ev sein (z. B. Mt 19,10). 4. Die Unterschiede können aber auch Indiz dafür sein, dass mehrere Q-Versionen existierten und Mt eine andere benutzt hat als Lk (vgl. B. 4.5).

Die Fülle des Spruchmaterials extra canonem könnte auch zur Annahme verleiten, Mt und Lk hätten den Stoff von Q nicht vollständig rezipiert. Der Reduktionshypothese steht entgegen, dass ein gemeinsames Ausschlusskriterium von Mt und Lk nicht ersichtlich ist.

Literarische Formen

In dem aus Mt und Lk zu erhebenden Bestand von Q dominiert der Redestoff in den für die synoptische Jesusüberlieferung bekannten literarischen Formen: Droh- und Mahnwort
in Gestalt von Logien und Logienreihen, Gleichnis, z.T. mit
Gerichtsskopos, Streit- und Lehrgespräch, Instruktion (kate-
chetische, missionarische Anweisungen), Makarismus und Gebet. Hinzu kommen fünf narrative Textabschnitte, die vermutlich aufgrund ihrer Funktion für die von der Q-Redaktion
erstrebte historisierende Komposition einschlägig waren oder
die wegen der in ihnen enthaltenen Logien in Q aufgenommen
wurden.

1. Auftreten des Täufers (Q 3,2b–3a; vgl. Mt 3,1–6)
2. Taufe Jesu (Q 3,21f.; vgl. Mt 3,13–17)
3. Erzählungen von der Versuchung Jesu (Q 4,1–13; vgl. Mt 4,1–11)
4. Heilwundergeschichte vom Hauptmann von Kapharnaum (Q 7,1–10; vgl. Mt 7,28a; 8,5–10.13)
5. Täuferanfrage (Q 7,18–23; vgl. Mt 11,2–6)

Das Logion Q 11,14–26 reflektiert offensichtlich ein exorzisti-
sches Wirken Jesu. Deshalb scheint es sich nahezulegen, dass
die Träger von Q um Traditionen über Machttaten Jesu wuss-
ten, auch wenn sie diese – abgesehen von der Fernheilung des
Knechtes des Hauptmanns – nicht in ihre Sammlung eingefügt
haben.

Struktur

Die Abfolge der Stoffe in Q ist im Lk wahrscheinlich getreuer
bewahrt, weshalb diese mit dem Siegel »Q« gemäß der Zählung
des Lk angegeben werden. Der Wortlaut von Q muss indes von
Fall zu Fall aus Mt und Lk rekonstruiert werden (vgl. Kümmel
38–40). Stichwortassoziation, die thematische Ordnung des
Q-Stoffes in Lk 3,7–12,46(53) und die Rahmung mittels der er-

öffnenden Gerichtspredigt Johannes des Täufers und der Ankündigung des Endzeitrichters (Q 3,7–9.16) sowie die Ansage der eschatologischen Richterfunktion der Adressaten (Q 22,28.30) lassen Q als eine mit Bedacht erstellte Komposition erscheinen. Die literarische Verklammerung mittels des Gerichtsthemas signalisiert zudem, dass Q insgesamt unter eschatologisch-apokalyptischer Perspektive stand. Innerhalb dieser hermeneutisch bedeutsamen theologischen Einrahmung werden folgende Themen besprochen: Anfänge Jesu, Rede vor den Jüngern (»Feldrede«) – von Mt zur Rede vor dem Volk stilisiert (»Bergpredigt«) –, Einschluss der Heiden in das Handeln Gottes, Belehrungen über das Jüngersein, Worte über das Gebet und Mahnung, sich mutig zum Menschensohn zu bekennen (Vaterunser), äußere und innere Gefahren für die Gemeinde.

Die zahlreichen Versuche, das Q-Material zu gliedern, differieren je nachdem, welche Redestoffe aus Mt und Lk Q zugesprochen, und welche thematischen Akzente favorisiert werden. Die folgende Übersicht orientiert sich an den Listen bei Conzelmann/Lindemann 81f. und Hoffmann/Heil 14f.

	Lk	Mt
Der Täufer und Jesus		
Auftreten des Täufers	3,2–4	3,1–3(4–6)
Predigt des Täufers	3,7–17	3,7–12
Versuchungen Jesu	4,1–13	4,2–11
Rede an die Jünger	6,17.20–49	5–7
Glaube des Hauptmanns von Kafarnaum	7,1–10	8,5–13
Der Täufer und Jesus	7,18–35	11,2–19
Der Menschensohn und seine Boten		
Nachfolge und Aussendung	9,57–10,12	
Wehe- und Jubelruf	10,13–15.21	11,21–27
Vom Beten	11,2–4.9–13	6,9ff.; 7,7–11
Konflikt		

Beelzebul-Vorwurf	11,14–23	12,22–30
Rückfall des bösen Geistes	11,24–26	12,43–45
Zeichenforderung	11,16.29–35	
Weherufe über Pharisäer und Gesetzeslehrer	11,39–52	23,4.23–25.29–36
Menschensohnerwartung		
Mahnung an die Bekenner	12,2–12	10,26-32.19
Verhältnis zum Materiellen	12,22–59	6,19ff.; 24,43ff. u. a.
Senfkorngleichnis, Bildworte	13,18–30; 14,5	13,3–9.31f.
Gericht über Israel		
Gericht über Jerusalem	13,34f.	23,37-39
Gastmahlgleichnis	14,16–23	
Nachfolge		
Gleichnisse	14,26f.; 34f.; 15,4–7	
Alt und Neu	16,13.16–17,21	6,24 u. a.
Von den letzten Dingen		
Tag des Menschensohnes	17,22-37	24,26–28.37–41
Gleichnis von den Talenten	19,12–27	25,14–30
Gericht über Israel	22,28–30	19,28

1.4 Mündliche oder schriftliche Größe?

Mt und Lk lasen Q in Griechisch. Auf die Schriftlichkeit von Q weisen die Parallelität in der Stoffabfolge sowie die Doppelüberlieferungen und Dubletten (vgl. B. 4.2) hin und auf die griechische Sprache weisen die Kongruenz im Wortbestand sowie in der Syntax zwischen Mt und Lk im Q-Stoff hin.

Weil sich bestimmte Logien bzw. Begriffe im Q-Stoff ins Aramäische zurückübersetzen lassen und in einigen Fällen die Differenzen zwischen Mt und Lk in demselben Q-Logion die Erklärung durch einen Lesefehler einer aramäischen Vokabel nahelegen (z. B. Q 10,5; 11,39.41.42), kann man annehmen, dass Q anfänglich aramäisch verfasst war. Im zweisprachigen Entstehungs- und Missionsraum von Q ist die alte aramäische Logientradition im Zuge translinguistischer Prozesse durch griechisch verfasste Herrenworte angewachsen sowie kompositorisch bearbeitet und theologisch neu interpretiert worden.

Dies alles weist auf ein hohes Alter der Logientradition sowie auf ein längeres und verwickeltes Wachstum von Q hin, das sich nur mehr bedingt rekonstruieren lässt.

1.5 Literarische Entstehung

Die Uneinheitlichkeit in Christologie, Soteriologie und Eschatologie sowie die divergente Wertung des Täufers verweisen auf den komplexen Entstehungsprozess von Q. Abgesehen davon, dass ihre Anfänge in den galiläischen Hauptorten des öffentlichen Wirkens Jesu zu suchen sind, lassen sich die Phasen der literarischen Entstehung von Q nach Umfang, Zeit und Ort nicht sicher angeben. Auch deshalb ist es nicht auszuschließen, dass mehrere Q-Versionen existierten.

Die Spruchsammlung beinhaltete Material, das auf den vorösterlichen Jüngerkreis zurückreichen kann. Bereits im Stadium der mündlichen Überlieferung sind Logien aufgrund von Stichwortassoziation zusammengewachsen. Bei der Verschriftlichung, die vermutlich kein punktueller Vorgang war, wurden die für Katechese und Mission ›vorsortierten‹ Logien sukzessive angereichert und nach Themen geordnet, möglicherweise zu sechs paränetischen Reden (Kloppenborg Verbin). An die erste schriftliche Sammlung gliederten sich im Zuge fortschreitender Bearbeitung weitere Logien und Logienreihen an, die wahrscheinlich das Gerichtsthema und die Polemik gegen das jüdische Establishment akzentuierten (Q 7,25; 11,39–52). Diese mit einem deuteronomistischen Geschichtsverständnis profilierte redaktionelle Sammlung wurde in einer zweiten Redaktionsstufe in einen an Mk erinnernden chronologischen Aufriss gestellt und mit biographischen Elementen – wie der Versuchungsgeschichte (Q 4,1–13) und dem Toralogion (Q 11,42) – abgerundet. Die Separation vom jüdischen Religionsverband dürfte die zunehmende Betonung des Gerichtsgedankens motiviert haben und zusammen mit der Konsolidierung des Trägerkreises sowie der Umorientierung von der anfänglichen Verkündigung an Israel zu einer (partiellen) Hinwendung zu den Heiden (Q 7,1.3.6b–9.10; 13,29.28a) für die literarische Genese von Q prägend gewesen sein (Schnelle).

Gegenüber den kontroversen Texttheorien zu Q, die in der Regel mit Annahmen zu den theologischen Motiven und soziologischen Kontexten der einzelnen Entstehungsstadien kombiniert sind (Tödt, Schulz, Polag, Jacobson, Sato, Kloppenborg Verbin u. a.), besteht Konsens, dass sich manche Spannungen und Brüche im Q-Stoff aus der Kombination von Kommunikationssituationen erklären, die Herrenworten durch ihre Einordnung in Logienreihen zugewachsen sind. Der »Sitz eines Logions im Leben Jesu« ist von den unsteten missionarischen Kontexten im palästinisch-syrischen Grenzraum abzuheben, in denen die Sammlung ihre Anfänge hatte, wie auch von der verstärkt auf Kontinuität achtenden Situation der Tradenten in den vom Synagogenverband getrennten hellenistisch-jüdischen Q-Gemeinden Syriens.

2.0 Historische Aspekte

2.1 Träger von Q und ihr Selbstverständnis

In Q sind mit hoher Wahrscheinlichkeit authentische Jesuslogien bewahrt. Die Anfänge von Q mögen bei galiläischen Jesusanhängern zu suchen sein. Mit diesen Zeugen setzt nach Ostern die Traditionsbildung von Q ein. Aber nicht alle Zeugen der Predigt des Nazareners scheinen sogleich nach Ostern ihre auf Logien Jesu konzentrierte Jesuserinnerung im Licht des österlich-christologischen Kerygmas interpretiert zu haben. Sie deuten Jesus weiterhin als Gottesboten, der das kommende Heil ansagte und das Prophetenschicksal (Q 11,49–51; 13,34f.) erlitt. Sie selbst verstanden sich als Jünger, die mit ihrer ganzen Existenz Jesus nachfolgten, seine Verkündigung von der anbrechenden Zuwendung Gottes zum Menschen weitersagten und gemäß seinem Lebensvorbild handeln wollten, weshalb sie sich auch auf den Märtyrertod einstellen (müssen). Aus den Nachfolgeworten Q 9,57–60, der Sendungsrede Q 10,2–16 und dem Lehrgedicht Q 12,22b–31.33.34 ergibt sich, dass die Träger von Q – ebenso wie Paulus und seine Mitarbeiter, ferner Apollon und Petrus – als Wandermissionare auftraten. Mit ihrem von missionarischem Eifer angetriebenen Lebenswandel befanden sich diese charismatischen Boten in bedenklicher Nähe zu zahlreichen und vielfach schlecht beleumundeten paganen Wanderlehrern und Wanderpriestern orientalischer Mysterienreligionen, deren skurrilste und in merkantiler Hinsicht äußerst geschickt bis unverfroren agierende Vertreter die Gallen (galloí) waren, die z. B. von Apuleius (Goldener Esel) karikiert und von Kelsos (Wahre Lehre) gescholten werden. Damit die Verkündigung nicht in Misskredit geriet, wurden die Träger von Q instruiert, sich schon durch die Art ihres Auftretens, z. B. den demonstrativen Verzicht auf Entlohnung, nämlich keinen Bettelsack (pera) mitzuführen (Q

10,4), erkennbar von diesen außerchristlichen und außerjü-
dischen Horden von Wandercharismatikern abzusetzen.

Der Verzicht auf Eigentum (Q 10,4) und Selbstdurchset-
zung (Q 6,29f.32), die Trennung von der Familie (Q 10,2; 14,26)
bis hin zur Missachtung elementarer (familiärer) Pflichten (Q
9,59f.) wie auch die Vermeidung neuer sozialer Bindungen (Q
10,4b) waren nicht bloß eine Folge der Wanderexistenz, sondern galten den Trägern der Q-Überlieferung als distinktive
Merkmale konsequenter Jesusnachfolge. Dieser von der Verkündigung getragene radikale und provokante Lebens- und
Missionsstil sollte prophetisches Zeichen sein für die Nähe der
Königsherrschaft Gottes. Der religionsgeschichtliche Hintergrund dieser jüdischen, und dabei sich explizit auf das Lebensvorbild Jesu berufenden Bewegung war das Auftreten von Um-
kehr- und Erweckungspredigern wie z. B. Johannes des Täufers.
Geprägt durch die Vorstellungswelt der Apokalyptik und in Erwartung des akut nahen Weltendes sahen sich diese Gruppie-
rungen dazu gerufen, Israel ein letztes Mal noch den Ruf Gottes
zur Umkehr zu verkünden (Hoffmann). Von den frühjüdischen
Umkehr- und Erweckungsbewegungen unterschieden sich die
Träger von Q aber dadurch, dass sie ihre eigene Sendung und
ihr Wirken exklusiv als Fortsetzung der Sendung Jesu begriffen
haben. Wegen dieses Selbstverständnisses und vor allem wegen
ihrer theologischen Deutung des Nazareners Jesu gerieten die
Träger von Q mit ihrer Predigt an Israel in Konflikt mit der
jüd. Religion, aus der sie stammten (Q 10,3; 11,23).

Ein auffälliges Merkmal ist das Fehlen der Sabbatkritik Jesu
in Q. Das deutet darauf hin, dass das Gesetz kein Streitthema
war (vgl. Q 16,17). Zudem standen die Träger von Q wegen ihrer Spitzenforderung der Feindesliebe (Q 6,27; 11,16) immer
wieder in Konfrontation (Q 10,3) mit jüdischen Eliten, insbesondere mit der jüdischen Aufstandsbewegung. Doch hatte
die Mission – durch Predigt und Zeugnis – auch Erfolge (Q
10,6), was aus der Kasuistik über die Erwiderung des Friedens-

grußes der Boten zu entnehmen ist (Q 10,5–12). Der Friedensgruß proklamiert die mit Jesus angebrochene messianische Zeit und ist darum zugleich Siegel des messianischen Selbstverständnisses der Träger von Q.

Durch den Kontakt dieser Wandercharismatiker zu christlichen Gemeinden, in deren Eigenleben und Theologie andere Akzente gesetzt waren, kam es allmählich zu einer christologischen Neuinterpretation der Logientradition, wobei die Gestalt des Menschensohns mit Jesus identifiziert wurde. Man geht davon aus, dass diese Bearbeitungen und Erweiterungen in Gemeinden erfolgt sind, in denen die Logienüberlieferung bekannt war und gepflegt wurde. Auf solche ortsansässige Träger von Q weisen Gleichnisse, die die Lebenswelt des Dorfes und der Landwirtschaft widerspiegeln, z. B. die Gleichnisse vom Haus auf dem Felsen (Q 6,47–49), vom Senfkorn und vom Sauerteig (Q 13,18–21), sowie Gleichnisse, die auf Ehe und Familie als Lebensraum weisen, z. B. Q 7,31; 11,11–13 und das Ehescheidungslogion (Q 16,18). Die Sesshaftigkeit und der ihr inhärente Wille zur Kontinuität bilden den soziologischen Hintergrund der Q-Redaktion(en). Aus Q ist zu entnehmen, dass die ortsansässigen Träger der Logientradition die Wandermissionare unterstützten und diese Solidarität mit einem hohen Ethos festigten. Die Sesshaftigkeit hat die Wandermission nicht abgelöst, vielmehr bestanden beide nach Lebensstil und ökonomischer Sicherheit verschiedenen Sozialformen der Trägerschaft von Q nebeneinander. Entsprechend richten sich manche paränetischen und katechetischen Texte in Q erkennbar an die Sachwalter der Logientradition im Binnenraum von Gemeinden, andere instruieren zur Mission und deuten die Widerfahrnisse im Zuge der Verkündigung der Botschaft von Q als Teilnahme an Jesu Sendung und Schicksal.

Die Trägerschaft von Q hat sich wohl nicht zu eigenständigen Gemeinden mit einem unterscheidbaren Eigenleben konsolidiert; vielmehr bildeten die Q-Anhänger einen eigenen Kreis innerhalb christlicher Gemeinden. Für ihr Glaubensleben war die mit der Logientradition wach gehaltene Erinnerung an Jesus und seine Deutung als Gottesboten und Künder der nun anbrechenden Königsherrschaft Gottes dominant. Zugleich blieb die Deutung Jesu als Lehrer wichtig, insofern in den Logien und Gleichnissen und in dem darin aufscheinenden provokanten Ethos normierende Lebensvorbilder erkannt wurden. Indem diese sesshaften Träger von Q ihre Jesusinterpretation im Horizont des österlichen Kerygmas profilierten und den irdischen Jesus mit der Gestalt des Menschensohnes identifizierten, wurde die Jesusüberlieferung von Q in narrative Kontexte und christologische Deutungen integrierbar und das Glaubensleben der Träger von Q an andere frühchristliche Jesustraditionen anschlussfähig. Das auf Jesu Wundertätigkeit anspielende Zitat aus Jes 61,1 in Q 7,22 scheint neben seinem dominant christologischen Zweck auch diese Funktion zu beinhalten.

Insofern kann Q Einblicke eröffnen in die »Geschichte und Theologie der frühen palästinischen Jesus-Bewegung« (Hoffmann/Heil) und in die Anfänge des Judenchristentums. Deshalb klassifiziert man Q als »eine vierte Entwicklungslinie ... neben den drei verschiedenen Entwicklungslinien des paulinischen, synoptischen und johanneischen Christentums« (ebd.). Kritisch ist zu einer solchen geschichtlichen und theologischen Vorortung der Q-Überlieferung allerdings anzumerken, dass das Frühchristentum, als die synoptische und die johanneische Entwicklungslinien hätten entstehen und auch geschichtswirksam sein können, Facetten aufwies (vgl. OdSal, 1Klem, Barn, Did), die sich in dieses dogmatisch-kanonische Modell kaum einpassen ließen. Für die Frühchristentumsforschung bestätigt die Spruchsammlung Q darum, dass das Christentum nicht einen, sondern mehrere Anfänge hat, die sich durch soziokulturelle, ökonomische und geographische Faktoren sowie durch ihre Auffassungen von der für ihr Glaubensleben orientierenden »Norm am Anfang« unterschieden haben.

2.2 Zeit und Ort der Abfassung

Weil Q Kafarnaum (Q 7,1; 10,15), Chorazin (Q 10,13) und Betsaida (Q 10,13) als Orte des Wirkens Jesu nennt, könnte die Sammlung in diesem nordgaliläischen Gebiet um die Mündung des Jordans in den See von Gennesaret ihren geographischen Ursprung haben.

Die Sammlung von Herrenworten könnte in den 30er Jahren eingesetzt haben (Vielhauer), der redaktionelle Abschluss jener Spruchsammlung, die aus Mt und Lk rekonstruierbar ist, dürfte vor der Zerstörung des Tempels im Jahre 70 erfolgt sein. Dafür spricht erstens die in Q 13,35 bewahrte jüdische Überlieferung, dass Gott bei der Tempelzerstörung seine Wohnstatt verlässt, zweitens, dass die endzeitliche Wiederkunft des Auferstandenen nicht mehr als unmittelbar bevorstehend besprochen ist (Q 12,45), und drittens, dass man sich darauf einstellt, wegen des Bekenntnisses Übergriffen bis hin zum Tod ausgesetzt zu sein (z. B. Q 6,22f.27f.35c–d; 10,3; 12,4f.11f.). Letzteres reflektiert die Folgen des dogmatischen Dissenses mit dem Judentum, die zur Trennung der Träger von Q vom jüdischen Religionsverband mit der Öffnung der Mission über Israel hinaus und der Bildung von Trägerkreisen in christlichen Gemeinden neben der Synagoge führte. Sofern das Logion von der Feindesliebe (Q 6,27f.35c–d) die Träger von Q auch bewogen hat, sich nicht am jüdischen Aufstand gegen die römischen Besatzer des gelobten Landes zu beteiligen, ist nicht auszuschließen, dass die Endredaktion an Zufluchtsorten außerhalb Galiläas oder Judäas erfolgt ist. Die Q-Forschung favorisiert die Residenz von Agrippa II., Caesarea Philippi, sodann Damaskus oder auch Betsaida/Iulias.

3.0 Theologische Aspekte

3.1 Königsherrschaft Gottes und ihre Nähe

Die Rahmung von Q durch die Gerichtsthematik, die Stoffanordnung sowie die Einfassung der programmatischen Rede
an die Jünger mittels des auf das Eschaton blickenden Makarismus zu Beginn der Rede und des eschatologischen Gleichnisses
zum Abschluss signalisieren, dass Q in einem eschatologisch-
apokalyptischen Deutungshorizont zu lesen ist. Jesu Botschaft
von der Königsherrschaft Gottes sowie seine Ankündigung des
Menschensohnes erscheinen daher als Gerichtspredigt. Entsprechend kommen in der Warnung vor selbsttäuschender Heils-
gewissheit und in dem Hinweis auf die Unvorhersehbarkeit des
Eschatons vor allem die durch den apokalyptisch-eschatologi-
schen Rahmen vorgezeichnete Theozentrik des Heilsgeschehens
und dessen akute Nähe zum Tragen. Allerdings besteht ein be-
deutender Unterschied zwischen der jüdischen Apokalyptik
und der Naherwartung in Q. In der Spruchsammlung ist die
Naherwartung in eine ›Stets‹-Erwartung transformiert. Das ge-
nuine Jesuswort »Wenn ich aber mit dem Finger Gottes die Dämonen austreibe, dann ist das Reich Gottes zu euch «schon» gekommen« (Q 11,20) blickt nicht nur zurück auf Jesu Wirken,
sondern deutet von Jesus her die Verkündigung der Jesusanhänger und Träger von Q. Was einst Propheten und Könige hören
und sehen wollten, verwirklicht sich jetzt (vgl. 1 Petr 1,10–12).
Jetzt erfüllen sich die atl. Verheißungen; jetzt ist *die Zeit*. Die
Schrift (AT) wird folglich als die auf Endzeit erfahrene Gegenwart hin ausgelegt (Hoffmann). Das bedeutet in Bezug auf Jesus, dass sich an der Haltung gegenüber seiner Predigt und seiner Person das eschatologische Heil des einzelnen entscheidet.
Jesu Predigt und sein Anspruch, dass mit ihm die eschatologische Zuwendung Gottes zu den Menschen angebrochen ist, pro-
voziert in der Sicht der Gemeinden die Anfeindung durch

»diese Generation«. Q stilisiert Israel, das die Träger von Q durch die Predigt Jesu vor die eschatologische Entscheidung für oder gegen Gottes Heil gestellt sehen, als Ganzes zur Ablehnungsfront der ungläubigen Gegner Jesu. In dieser Perspektive kulminiert der Unglaube Israels in der Verwerfung Jesu. Q parallelisiert sie mit der Hinrichtung des Täufers und deutet beider Tod als Prophetenschicksal.

Der Zweck dieser Zuspitzung ist die Deutung der Anfeindungen, denen die Träger von Q ausgesetzt sind. Weil sie Jesu Botschaft authentisch weitersagen und demonstrativ am Lebensvorbild Jesu festhalten und weil auch die Bedeutung, die sie für Jesus reklamieren, zutreffend ist, und weil sie somit selbst den Anspruch wachhalten, dass sich an der gläubigen Haltung gegenüber der Person Jesu das eschatologische Heil jedes einzelnen entscheidet, schlägt ihnen Feindschaft entgegen, und zwar von denselben Gegnern wie Jesus. Aus der Perspektive dieser Kreise zeigt sich in der Erfahrung von Ablehnung und Verfolgung, dass sie die wahren Jünger sind.

Diese Parallelisierung zwischen Jesus und seinen Nachfolgern ist in Q so eng, dass entsprechend wie Jesus Gott seinen Vater nennt, die Jünger Gott im sicheren Vertrauen auf Erhörung wie Kinder um alles bitten können. In dieser Verheißung wird wie auch in dem durchgängigen Ruf zur Entscheidung deutlich, dass die Botschaft Jesu von der Nähe der Königsherrschaft Gottes untrennbar ist von der Anerkennung seiner Person. Die Theologie von Q setzt also ein christologisches Bekenntnis voraus.

3.2 Christologie und ihr expliziter Charakter

Jesus, der Menschensohn

Der Begriff »Menschensohn« ist das kennzeichnende christologische Prädikat für Q. Während in dem wohl genuinen Jesuswort Q 12,8 das Verhältnis zwischen Jesus und der Gestalt des
Menschensohnes in der Schwebe gelassen ist, identifiziert die
Q-Redaktion Jesus mit dem Menschensohn. In der Täuferpredigt wird Jesus als der Kommende und als Feuerrichter (Q
3,16f.) bezeichnet, und dem abschließenden Scheltwort in der
Rede an die Jünger (Feldrede) zufolge wird er als der endzeitliche Gerichtsherr angerufen (Q 6,46). Q identifiziert also den
irdischen Jesus mit dem Erhöhten.

Das Erscheinen des Menschensohnes wird über die Men-
schen unversehens und plötzlich, wie ein Blitz, hereinbrechen
(Q 17,24). Niemand wird das Erscheinen des Menschensohnes
verpassen oder übersehen, und ebenso wird niemand seinem
Gericht entgehen (Q 17,26f.30.34f.). Die Universalität seiner
Ankunft verweist auf die Universalität des Anspruches Jesu.
An der Haltung gegenüber Jesus entscheidet sich das Heil
und Unheil nicht nur des Einzelnen, sondern der ganzen
Menschheit (Hoffmann). Die Unvorhersehbarkeit der Wiederkunft des Menschensohnes bedeutet darüber hinaus, dass die
jüdischen Menschensohnvorstellung(en) und überhaupt die
jüdische Dogmatik völlig unzureichend sind, um Jesus theologisch zutreffend zu interpretieren. Q bezeichnet nämlich bereits den irdischen Jesus als Menschensohn. Somit deutet Q
ihn von seiner zukünftigen Funktion her und beschreibt durch
das Menschensohn-Prädikat Jesu Bedeutung für die Zukunft
aller Menschen. Diese Identifikation von Jesus mit dem Menschensohn beseitigt indes nicht das Ärgernis seines irdischen
Auftretens. Q 7,34 zufolge höhnten die Widersacher über Jesus, der hier als Menschensohn tituliert ist: »...« was für ein
»Mensch, ein Fresser und Säufer, Freund der Zöllner und Sün-

der«. Was den Gegnern Jesu ein Skandalon darstellt, ist für die Träger von Q Ursache der Freude. Weil ihre Predigt, mit der sie die Botschaft Jesu weitersagen, und für die sie mit ihrem Leben einstehen, die völlige Insuffizienz jüdischer Vorstellungen über den Menschensohn und den Heilswillen Gottes aufdeckt, werden die Boten um des Menschensohnes willen ausgestoßen, gelästert, geschmäht und mit dem Tod bedroht.

Im »christologischen« Menschensohntitel verbinden die Träger von Q Aussagen über den »gekommenen« Menschensohn (Q 6,22; 7,34; 9,58) und die Ansage des »kommenden« Menschensohnes (Q 11,30; 12,8.10.40; 17,24.26.30) mit dem Bekenntnis, dass der irdische Jesus der gekommene und kommende Menschensohn ist und dass dieser als eschatologischer Richter auftreten wird (Q 3,7–9.16b–17). Die umfassende Identifikation ist für die Träger der Endredaktion von Q das zentrale christologische Interpretament ihrer Jesusüberlieferung. Weil in diesem Bekenntnis die Einheit von Historie und Kerygma grundgelegt ist, konnte das Kerygma von Tod und Auferstehung Jesu mitgehört werden; die Erwähnung des gewaltsamen Todes von Propheten und die Parallelisierung mit dem Geschick des Täufers eröffnet Ansätze für eine theologische Erschließung des Todes Jesu. Sofern die Q-Redaktion während des jüdischen Krieges erfolgte, konnte in dieser Jesusinterpretation zugleich die Begründung dafür gefunden werden, sich nicht am Aufstand zu beteiligen, selbst wenn dafür eigenes Leid zu ertragen ist, sondern allein von der nahen Parusie Jesu als Menschensohn und eschatologischen Richter die Beseitigung aller Heilsantagonismen zu erhoffen.

Bereits in der Versuchungsgeschichte wird diese Grundentscheidung greifbar, indem Jesus jede politische Messiasvorstellung als teuflische Versuchung von sich weist, die den Aufstand und die Anwendung von Gewalt ins Kalkül zieht. In Q erlangt diese Ansicht programmatischen Rang, da von Jesus her der Weg des Friedens gegen den Weg der Gewalt steht;

den Weg zum Frieden erkennen die Träger von Q aber als Weg zum Heil. Entsprechend fokussiert die Jesusnachfolge auf die Forderung der Güte und der Feindesliebe sowie das Verbot, andere zu richten (Q 6,20–49). Aufruhr wie er z. B. in dem bewaffneten Aufstand der palästinischen Juden gegen die römischen Besatzer am Horizont sichtbar wird, ist mit der zentralen Forderung Jesu, des Menschensohnes, nach Feindesliebe und Gewaltverzicht unvereinbar.

Jesus, der Sohn Gottes bzw. der Sohn

Der christologische Titel Sohn Gottes begegnet in Q nur vereinzelt, jedoch stets an zentraler Stelle, z. B. in der Versuchungsgeschichte (Q 4,3.9). Die Redaktion hat diese Bezeichnung als messianische Titulatur verstanden, die zugleich die Göttlichkeit Jesu aufscheinen lässt. Von der Gottessohn-Prädikation ist die absolute Sohnesaussage abzuheben, die in Q stets mit dem Vater-Namen korrespondiert, z. B. im messianischen Jubelruf (Q 10,21f.), der Jesus als den den Menschen geschenkten exklusiven Zugang zum Vater proklamiert. Die entscheidende Konsequenz der in der Sohnes-Titulatur sich kristallisierenden theologischen Deutung Jesu ist, dass die Nachfolge Jesu auch der exklusive Weg zum Heil ist (Q 4,22f.; 10.16; 12,8f.; 17,33).

Auffällig ist die sprachliche Nähe der absoluten Sohnesprädikation in Q zur johanneischen Sohnes-Christologie. Doch darf daraus nicht auf eine sachliche Identität oder gar historische Kontinuität zwischen Q und der johanneischen Tradition geschlossen werden. Deshalb kann die absolute Sohnesprädikation in Q nicht im Rekurs auf das Joh interpretiert werden.

Zwei weitere theologische Würdenamen klingen nur an: die Bezeichnung Jesu als Messias bzw. die Verbindung mit der Weisheit (sophia) Gottes. Durch die Anspielung in der Täuferpredigt Q 3,11f. auf den in Mal 3,1f. angekündigten Feuerrichter, durch den Rekurs auf die für die jüdische Hoffnung fundamentale Ansage des Elija redivivus in Mal 3,23f. sowie durch das Mischzitat aus Jes 61,1 et.al. in der Täuferanfrage (Q 7,18–23.27) scheint eine Deutung Jesu als Messias zwar avisiert, doch verwendet Q den Titel expressis verbis nicht. Auch mit der Weisheit wird Jesus auf das Engste in Verbindung gebracht. Wie der Täufer und die Träger von Q ist auch Jesus Bote der Weisheit (Q 7,35) und übertrifft darin sogar Salomo (Q 11,31). Die Art der Einordnung Jesu in die Tradition der Weisheit signalisiert indes, dass für Q der Weisheitsbegriff keine christologische Signifikanz besitzt; nirgends wird Jesus mit der Weisheit identifiziert.

Die Christologie der Spruchsammlung ist primär Menschensohn-Christologie (Gnilka). Aber weder dieser noch andere christologische Titel erschließen in den Augen der Q-Gemeinde(n) Person und Stellung Jesu hinreichend. Die entscheidende Auskunft über die Bedeutung des Nazareners Jesus gewinnt man aus dessen soteriologisch-eschatologischer Funktion. Mit der Täuferpredigt ist die eschatologische Zeit angebrochen und mit der Person Jesu, d. h. in seiner Botschaft und in seinem Wirken, ist die Königsherrschaft Gottes nahe gekommen (Q 17,20f.). Jesus eröffnet den Menschen den Zugang zum Heil; mit ihm setzt die endgültige Zuwendung Gottes zu den Menschen ein.

D. Evangelium nach Markus

Broer 73–98; Dormeyer 145–147; Gnilka 17–35; Schenke/Fischer 64–95; Schnelle 240–257; Vielhauer 329–355.

Durch die von der Zwei-Quellen-Theorie postulierte Priorität des Mk vor den Seitenreferenten avancierte zugleich das Mk zu einem prominenten Untersuchungsgebiet der Frühchristentumsforschung, weil in ihm – ebenso wie in Q – älteste Jesusüberlieferungen und frühe Jesusinterpretationen greifbar werden, womit zugleich die Hoffnung verbunden wird, der Botschaft und der Gestalt des historischen Jesus klareres Profil geben zu können.

1.0 Literarische Aspekte

1.1 Schriftstellerische Gestaltung

Rezeption überkommenen Materials

Der Traditionsprozess der ntl. Evv macht es wahrscheinlich, dass Mk vielfältiges und vielschichtiges Material zur Verfügung stand. Dieses Material lag teils in abgeschlossenen, selbstständigen Einheiten bzw. Einzelstücken vor, teils aber auch in Sammlungen. Die einzelnen *Erzählungen* waren nicht auf Fortsetzung angelegt, enthielten keine Rückverweise auf Vorausgesetztes und nur wenige Lokalnotizen. Dies gilt auch für die – möglicherweise (vgl. Bultmann [Theißen] 442f.) – vormarkinischen Sammlungen von Gleichnissen (Mk 4,3–34), Wundergeschichten (Mk 4,35–6,52) und von galiläischen Streitgesprächen (Mk 2,1–3,6). Eine Ausnahme bildet die Passionsgeschichte (Mk 14–15); in ihr mögen die Stationen der letzten Tage im Leben

Jesu von Nazaret bereits mit Lokalnotizen verkettet gewesen sein. Der *Redestoff*, der in Mk nur von geringem Umfang ist, lag kaum als zusammenhängendes Traditionsgut vor, abgesehen vielleicht vom Gleichniskapitel (Mk 4). Ein weiteres Traditionsstück aus dem Bereich der Wortüberlieferung (Redestoff) ist in Mk 13,5–27 erhalten, das »Apokalyptische Flugblatt«, das Mk bereits schriftlich vorlag (vgl. 13,14: »... der Leser möge begreifen ...«). Dieses »Apokalyptische Flugblatt« hat Mk mit einer Einleitung (V 3f.) und einem Schluss (V 28–37) versehen. Hinzu kommen gewichtige Interpolationen.

Instruktiv für den synoptischen Prozess ist hier ein Vergleich mit der Mt-Parallele: Mt macht aus dem Appell in Mk 13,14 an die Leser eine Mahnung an die Hörer. Mt hat die Spannung elegant behoben (Mt 24,15), indem er das Gräuelbild aus Mk 13,14 als Danielzitat identifiziert. Der interpolierte Aufruf an die Leser bei Mk wird bei Mt zur Aufforderung Jesu an seine Zuhörer (und damit indirekt auch an die Leser des Mt), das Buch Daniel aufmerksam zu lesen.

Das Mk vorliegende Material enthielt noch kaum Situationsangaben. Eine auf Jesus von Nazaret konzentrierte Gesamterzählung wie das Mk konnte ohne eine solche situative Vorortung indes nicht auskommen. Es bot sich an, das überkommene vielschichtige Material der Jesusüberlieferung – Einzelstücke, wie auch bereits vorliegende Sammlungen – auf den Komplex der Leidensgeschichte hinzuordnen bzw. ihr unterzuordnen, um damit den Faden der Lebensgeschichte des Jesus von Nazaret ganz auf seine Leidensgeschichte auszurichten.

Literarisch-technische Mittel

Die redaktionsgeschichtliche Forschung hat erkannt, dass Mk das ihm vorliegende Material zu einem literarischen Ganzen komponiert hat. Für die schriftstellerische Eigenart des Mk und seine kompositorische Leistung sind vier literarisch-technische Verfahrensweisen kennzeichnend:

▨ *Adverbiale Bestimmung:* Mk koordiniert mittels adverbialer Bestimmungen übernommene Einheiten. Auffällig ist die adverbiale Bestimmung »und sogleich«. Mit dieser stilistisch wenig eleganten Verknüpfung gelingt es Mk, die Vita Jesu auf das (theologisch) Entscheidende hinzuordnen: auf die Passion und den Osterglauben als dem eigentlichen Ausgangs- und Zielpunkt der mk Komposition. Andere Verbindungswörter sind das bloße »und« sowie »wieder«. Mittels Wendungen wie »von dort kommend«, »an jenem Tag«, »in jenen Tagen« werden Schauplätze verbunden, Zusammenhänge und Bewegungen hergestellt. Die Forschung hat diese adverbialen Verbindungen in fünf Anschlusstypen eingeteilt: Zeit-, Orts-, Geschehens-, Motivations- (Pesch, Theißen) und Wiederholungsanschluss (Gnilka). Durch diese Verknüpfungen wird das Bemühen deutlich, die Begebenheiten ineinander greifen und als konstitutive Teile eines Ganzen mit einer eindeutigen narrativen Klimax kenntlich zu machen.

▨ *Summarien:* In diesem Dienst stehen auch »Summarien«; dies sind von Mk gestaltete Sammelberichte über Taten und Lehre Jesu. Summarien, die die Taten Jesu artikulieren, wollen die Breitenwirkung des Auftretens Jesu bekunden. Sie signalisieren, dass die Einzelberichte nur eine Auswahl aus dem Gesamt des Wirkens Jesu sind. Ähnliches gilt für jene Sammelberichte, die generalisierende Aussagen darüber machen, dass Jesus das Volk belehrt hat, ohne den Inhalt seiner Lehre zu präzisieren; z. B. Mk 1,21ff.; 2,13.

▨ *Programmatische Bemerkungen:* Dieses technische Mittel bereitet auf entscheidende Ereignisse oder Situationen vor; so fungieren z. B. die Leidensankündigungen und Todesbeschlüsse als Hinweise auf die Passion (z. B. Mk 3,6). Diese kompositorischen Verweise dienen zugleich als hermeneutische Hilfen für die Erfassung der narrativen Struktur und der theologischen Sichtweise des Mk.

▨ *Sachliche Ordnung:* Eine durch inhaltliche und formale Kriterien bestimmte Ordnung des Traditionsgutes findet sich vor allem im Gleichniszyklus (4,1–34) und den Wunderzyklen. Allerdings ist hierbei zu berücksichtigen, dass diese Sammlungen – zumindest im Grundstock – überkommen sein können.

Sprache und Stil

Cancik (1984); Dormeyer (2005); Dschulnigg (1984); Landfester (1997); Pesch ([4]1984); Reiser (1984. 2001); Wikenhauser (1952).

Mk erzählt anschaulich, bunt und detailreich. Seine Sprache wirkt mitunter krude. Mt und Lk nehmen in solchen Fällen sprachliche Verbesserungen bzw. Glättungen vor, indem sie gehobenere und passendere Vokabeln einsetzen; z. B. ändern sie »Bahre« (Mk 2,4) in »Trage(-bett)«. Insgesamt zeigt die Sprache des Mk viele Merkmale der Alltagssprache. Typisch für den Satzbau des Mk sind das Vorherrschen der *Parataxe* (meist mit »und«, selten mit »aber«), die einfache Fortführung der Erzählung mit »sogleich« (1,12.23.29; 6,45 u.ö.) oder mit »wieder« (2,1.13; 3,1; 4,1; 7,14 u.ö.), sowie zahlreiche *Asyndeta* (vgl. 5,36; 10,25; 15,9). Der lebhafte Tempuswechsel mit häufigem Gebrauch des *historischen Präsens* (vgl. 1,37.40; 2,3.5.8) an Stelle des Indikativs Aorist verleiht der Darstellung erzählerische Lebendigkeit und Anschaulichkeit. Zumeist wird das als vulgär und umgangssprachlich geltende praesens historicum (Lk verwendet es nur 9mal; Mt lediglich 78mal, Mk hingegen 151mal) für die Haupthandlung verwendet, wogegen die Begleitumstände in Zeitformen der Vergangenheit erscheinen. Weitere Charakteristika des mk Stils sind die Bevorzugung der *direkten Rede, redundante* Formulierungen (vgl. 4,1f.; 10,32–34; 13,1.19.35), die Vorliebe für *Diminutiva* (z. B. Mädchen 5,41f.; 6,22.28; Töchterlein 5,23; 7,25; Hündchen 7,27f.; Öhrchen 14,47) sowie einige *Latinismen* (z. B. Legion 5,9.15; Scharfrichter [speculator] 6,27; Zenturio 15,39.44f. Prätorium 15,16).

Sprache und Stil des Mk erscheinen zwar schlicht, dürfen aber nicht schon deswegen als unliterarisch disqualifiziert werden, wie Parallelen in der zeitgleichen hellenistischen Fachschriftstellerei (z. B. Asklepiades, Heron von Alexandria, Nikomachos von Gerasa) und Volksliteratur zeigen (z. B. äsopische Fabeln, Liebesromane des 1./2. Jh.s). Meidung der Hypotaxe und Dominanz parataktischer Fügungen kennzeichnet – trotz eines gehobenen sprachlichen Niveaus – auch den Stil der meisten griechischen Geschichtsschreiber (vgl. Xenophon, aber auch Hekataios und Herodot). Zudem lässt Mk bei der Verwendung des Asyndetons (vgl. besonders 14,41f. und 16,6f.) eine klare gestalterische Absicht erkennen (Reiser 143–162). Wie in den genannten paganen Werken ist auch bei Mk der schlichte Stil durch die Absicht veranlasst, zu informieren und zu erzählen, und zwar in Kenntnis der literarischen Erfordernisse einer konkreten Sprechsituation. Sprache und Stil des Mk korrespondieren offensichtlich mit seiner missionarischen Absicht, Leben und Wirken Jesu von Nazaret vor einem breiteren Publikum anschaulich und lebendig zu erzählen.

Zu dieser »schlichten«, personen- und situationsadäquaten Erzählweise (Frösén, Prolegomena 185–189) gehört auch, dass Mk ohne Bedenken Gemütsäußerungen Jesu hervortreten lässt (Mk 1,43), sowie das »Nachlappen« von erzählerisch verzichtbaren Aussagen, z. B. der Schluss der Wundergeschichte Mk 5,1–20. Entsprechend dem Strukturmuster der Gattung Exorzismus endet die Erzählung in 5,13a mit dem Bericht über den exorzistischen Erfolg. Der Bericht über das Schicksal der Schweine (V 13b) und vor allem die expositionelle Notiz (V 13c) über die exorbitante Größe der Herde, und dass alle Tiere den Tod fanden, sind für die Wundergeschichte unergiebig. Für die Leser mochte beides durchaus (Unterhaltungs-) Wert besessen haben.

Sprache und Stil des Mk lassen insofern zweierlei erkennen: 1. Mk erstrebt keine kunstvollen Effekte, sondern die sachliche Information. 2. Seine literarische Gestaltung legt klar, dass die Botschaft des Evangeliums nicht nur Gebildeten und Eliten gilt, sondern »Hörern« (4,1–34) aller Bildungs- und Gesellschaftsschichten. Wie wenig der parataktische Stil zwingend Folge mangelnden literarischen Könnens sein muss, zeigt ein Vergleich der beiden inhaltlich nahe verwandten Seewundererzählungen in 4,35–41 und 6,45–52. Während in der Geschichte von der Sturmstillung durch kurze, monoton mittels »und« aneinander gereihte Sätze die Gefährdung und die Furcht der Jünger in den Vordergrund treten, lenkt die Geschichte vom Gang auf dem Wasser (6,45–52) die Aufmerksamkeit ganz auf das Tun Jesu (und die Reaktion der Jünger), indem sie die äußeren Umstände mehrheitlich in Form von Partizipialkonstruktionen der Haupthandlung syntaktisch unterordnet.

Eine Bewertung von Sprache und Stil des Mk muss berücksichtigen, dass die griechische Literatursprache in neutestamentlicher Zeit unterschiedliche Niveaus von der Volksliteratur über die gehobene literarische Koine bis hin zur attizistischen Kunstsprache umfasst (Dion v. Prusa, Aelius Aristides, Lukian; vgl. Frösén 92–94. 169–175). Mk bewegt sich sprachlich und stilistisch im Rahmen dessen, was in der griechischen Literatur für Schriften, die oben als Vergleich genannt wurden, möglich ist (Reiser 32–35). Semitische Einflüsse auf Sprache und Stil im Mk bestehen im Gebrauch aramäischer Ausdrücke (Boanerges 3,17; Talita kum 5,41; Korban 7,11; Effata 7,34) und in der Anlehnung an den Stil der älteren griechischen Bibelübersetzungen (Rydbeck, Fachprosa 186–200; Wilcox 978–1029). An keiner Stelle jedoch zeigt das Mk Kennzeichen eines »Übersetzungsgriechisch«, die eine unmittelbare Rekonstruktion einer mündlichen aramäischen Jesusüberlieferung in Umfang und Wortlaut erlauben würden (Dormeyer, Markusevangelium 146f.; Pokorný 1972–1974).

Theologisch-kompositorische Wegmarken

Das Mk scheint von der Passionsgeschichte her konzipiert – alles will aus der Perspektive von Kreuz und Auferstehung Jesu gelesen werden. Insofern erscheinen das im ersten Drittel des Ev geschilderte Wirken in Galiläa sowie die Wanderschaft nach Jerusalem als ein auf die Passion hin ausgerichteter Weg, wobei vor allem Galiläa als historisch-biographischer Hintergrund des Wirkens Jesu hervortritt. Auf diese theologisch motivierte erzählerische Anlage des Mk deutet der wiederholte Rekurs auf die Todesbeschlüsse jüdischer Behörden hin.

Diese erste Form theologischer Wegmarken im Mk, der *Todesbeschluss,* begegnet bereits am Ende der Auseinandersetzung mit den Gegnern in Galiläa (3,6); weitere Todesbeschlüsse liegen in der Passionsgeschichte vor (z. B. 11,18 12,14; 14,1; 14,11, 14,18; 14,45). Durch diese Bekundung, dass Jesu Weg vom Tod »überschattet« ist, besitzt das Ev ein Erzählgefälle hin auf das Kreuz und das Bekenntnis zu Jesus, den Nazarener und Gottessohn (15,39), als Gekreuzigten.

Die zweite theologische Wegmarke ist das *Gottessohn-Prädikat.* Es begegnet in der Eröffnungserzählung (1,1; 1,11), dem »Initium«, sowie beim Höhepunkt der Passionsgeschichte und damit des ganzen Ev, nämlich bei der Kreuzigungsszene (15,39), indirekt auch in der Tauf- (1,11) und in der Verklärungsperikope (9,7). Das Gottessohn-Bekenntnis des Zenturios unter dem Kreuz ist eine Art christologische Summe, die alle vorausgegangenen Akklamationen (»Sohn Davids«) und Anfragen (8,27ff.), wer Jesus sei, zusammenfasst. Insofern ist die Gottessohn-Prädikation die inclusio des ganzen Ev (Gnilka).

Die dritte theologische Wegmarke ist die *Berufung und Beauftragung der Jünger,* speziell des Simon Petrus. Sie werden zu Beginn des Wirkens Jesu berufen und erhalten in der letzten Perikope einen Auftrag (16,7). Neben dieser Verklammerung ist zu beobachten, dass durch die Jüngerszenen theologische Schwerpunkte markiert werden (1,16–20; 3,13; 6,7–19;

8,27–33), aus denen sich eine Gliederung des Mk ableiten lässt (vgl. D. 2.2). Weitere theologische Wegmarken sind die quer durch das Evangelium gehenden *Geheimnisgebote.*

1.2 Gliederung

Die Mk-Forschung diskutiert eine Zwei- oder alternativ eine Dreigliedrigkeit des Evangeliums. Bei einer Zweiteilung des Ev wird Kapitel 10 eine Scharnierfunktion zugesprochen. Schnelle plädiert für eine Dreiteilung, in der sich zugleich eine theologische Geographie widerspiegle, nämlich 1. Jesus innerhalb und außerhalb Galiläas, 2. Jesu Weg zur Passion und schließlich 3. Jesus in Jerusalem. Konsens besteht darüber, dass Mk 1,1–15 als Initium aus Vorwort und Vorgeschichte separat genannt werden muss; bisweilen wird 16,1–8 als Grabesgeschichte gesondert aufgelistet. Mit J. Roloff und J. Gnilka ist hervorzuheben, dass in dem ab 8,27 beginnenden Hauptteil der Jüngerkreis noch intensivere Aufmerksamkeit erfährt. Die Jüngerthematik stellt das am deutlichsten hervortretende Erzählgefälle dar; Jüngerszenen scheinen jeweils einen neuen Abschnitt zu markieren. – Entsprechend gliedert Gnilka:

1,1–15	Initium
1,16–3,12	Jesus wirkt vollmächtig vor allem Volk
3,13–6,6a	Jesu Lehre und Wunder
6,6b–8,26	Auf unsteter Wanderschaft
8,27–10,45	Aufforderung zur Kreuzesnachfolge
10,46–13,37	Das Wirken Jesu in Jerusalem
14,1–16,8	Leiden und Sieg

1.3 Mk-Schluss

Nach den erstrangigen Handschriften (Codex Sinaiticus, Codex Vaticanus graecus 1209) endet das Mk mit der sogenannten Grabesgeschichte (16,1–8); deren Schlussvers lautet:

> Da verließen sie das Grab und flohen;
> denn Schrecken und Entsetzen hatte sie gepackt
> und sie sagten niemand etwas davon,
> denn sie fürchteten sich sehr.

Andere Textzeugen überliefern zwei alternative Schlüsse des Mk, nämlich einen längeren, der sog. kanonische Mk-Schluss (16,9–20), der Erscheinungen des Auferstandenen berichtet, und einen kürzeren, der nur einen Vers umfasst. In einigen wenigen Handschriften finden sich der kürzere und der längere Schluss hintereinander. Textkritisch gibt es eine klare Lösung: In den ältesten und besten Handschriften findet sich keine Spur einer Fortsetzung von 16,8. Die beiden alternativen Schlüsse sind sekundäre Erweiterungen. Der längere kanonische Mk-Schluss ist eine in der ersten Hälfte des 2. Jh.s entstandene Zusammenfassung von Erscheinungsberichten und Missionsanweisungen des Auferstandenen aus anderen Evv; z. B. erinnert Mk 16,12f. an die Emmausgeschichte (Lk 24,13–35).

Der Grund für diese Erweiterungen liegt in 16,8. Man war offenbar der Meinung, dass das Evangelium nicht mit der resignativen, erschütternden Notiz enden kann:

> ... sie sagten niemand etwas davon,
> denn sie fürchteten sich sehr.

Mt und Lk kennen offensichtlich Mk nur bis 16,8. Alle Theorien, die Mk 16,8 nicht für den Schluss halten, sind durch Pesch und Aland überzeugend widerlegt.

Damit ist noch nicht die Frage beantwortet, ob Mk mit 16,8 geschlossen hat; der ursprüngliche Schluss könnte ja verloren sein. Schließlich scheint es doch sehr erstaunlich, dass ein Werk, das das Evangelium von Jesus Christus verkünden will, mit dem Satz enden soll: »denn sie fürchteten sich sehr.«

■ Ph. Vielhauer meint, dass das Ev aus inhaltlichen Gründen nicht mit 16,8 geschlossen haben kann. 16,7 verlange eine Fortsetzung. Ursprünglich habe eine solche vorgelegen, und zwar in einem Bericht über die in 16,7 und 14,28 angekündigten Erscheinungen des Auferstandenen in Galiläa. Die Kopisten, die den längeren Schluss angefügt haben, hätten also einen (vermeintlichen) Defekt ihrer Mk-Vorlage behoben, allerdings spielt die Hauptszene wohl in Jerusalem.

■ H. Conzelmann und A. Lindemann interpretieren den Mk-Schluss als bewusste Pointe. Markus wisse zwar von Erscheinungen des Auferstandenen und erwähne sie deshalb auch in 16,7 und 14,28. Er brauche aber von ihnen nicht zu erzählen, denn durch die Verklärungsgeschichte (9,2–8) seien die Leser bereits über Jesu Schicksal nach seinem Tod hinreichend unterrichtet.

■ R. Pesch zufolge sollte mit dem Schluss auf die religiös verstandene Furcht abgehoben werden. Diese lenke die Aufmerksamkeit des Hörers auf die Engelsbotschaft am leeren Grab zurück (16,6f.) und mit dieser wisse der Hörer alles, was am Ende des Ev zu berichten ist.

■ J. Gnilka sieht das Mk kraft seines abrupten Schlusses offen auf eine weiterführende, nie endende Geschichte. Damit sei der Hörer bzw. Leser angesprochen, in die Jesusnachfolge einzutreten und in Jesu Auftrag zu verkünden und zu bekennen. Die Furcht sei der Anlass für die Mission(spredigt). Deren Ziel wiederum wäre, die den Osterglauben zum Bekenntnis aktivierende Furcht hervorzurufen.

■ H. Frankemölle zufolge verbindet Mk das sprachliche und das nichtsprachliche Handeln Jesu auf Erden mit dem Glauben daran, dass sich im Nazarener Jesus der Sohn Gottes, der Messias und der Menschensohn geoffenbart hat. Weil also die göttliche »Seinsweise« Jesu in seinem irdischen Wirken beständig offenbar wurde und von den Menschen glaubend erfahren werden kann, bedürfe es im Mk keiner Erscheinungsgeschichte nach Ostern mehr. Die Auferweckung bestätige jedoch bleibend, dass der Nazarener Jesus der Christus und Sohn Gottes sei.

■ D. Dormeyer (315) geht von der These aus, das Mk gehöre strukturell zur Gattung »antike Idealbiographie«. Den Abschluss einer solchen Idealbiographie bilde regelmäßig eine Exitusgeschichte, die üblicherweise einen Hinweis auf die Bestattung enthält. Zu diesem abschließenden Texttypus gehöre auch Mk 16. Im Unterschied zu den paganen Parallelen werde jedoch bei Mk das Grab Jesu nicht zum Zentrum eines Heroenkultes bestimmt. Jesus lebe wie ein atl. Weisheitslehrer oder Prophet durch sein Wort weiter. Zugleich überrage er alle irdischen Weltherrscher durch sein Werk und seine Auferweckung. Um diese Differenz sichtbar zu machen, genüge demzufolge das Wegweisen der Frauen vom Grab sowie die rezeptionsakzentuierte und geschichtsöffnende Schlussnotiz.

Vielleicht müsste auch bedacht werden, dass die Furcht, die Mk 16,8 zufolge die Jesusanhänger erfasste, bereits eine jüdische theologische Deutung ist, die bei Pharisäern und in apokalyptischen Kreisen en vogue war: die Hoffnung auf die Auferstehung der Toten, mit der definitiv das Ende der alten und der Beginn einer neuen Welt gekommen ist. Furcht aber ist die angemessene Reaktion des Menschen auf den unumkehrbaren Anbruch der Endzeit, denn mit der Totenerweckung kommt das Gericht und für die Umkehr bleibt keine Zeit mehr. Zugleich weist die Hoffnung auf die Auferstehung der Toten auf Gott, der allein solches zu vollbringen vermag. Wiederum ist Furcht die allein angemessene Reaktion auf die in der Auferweckung Jesu erfahrbar gewordene Macht Gottes. Mk 16,8 proklamiert also mittels der frommen Reaktion der jüdischen Jesusanhänger am leeren Grab, dass Jesu Auferweckung als Werk göttlicher Allmacht zu bekennen ist und dass in Jesus von Gott her das Eschaton seinen irreversiblen Auftakt genommen hat. – Mit dieser Eschatologie, der Hoffnung auf eine ewige persönliche Zukunft bei Gott, konnte man anecken, zuerst innerhalb des Judentums (Mk 12,18–27 parr; 1 Kor 15; Apg 4,2; 23,6) und zudem in der hellenistisch-römischen Mission im Diskurs mit Vertretern der kaiserzeitlichen Bildungskultur (Apg 17,32; 26,8; Kelsos [Cels. 5,6–41]; Ps-Justin; passim).

2.0 Theologische Aspekte

Die Frage nach der theologischen Leistung des Mk ist angesichts der Eigenart seines Werkes als Frage nach der theologischen Transformation der Jesuserinnerung und Jesusinterpretation zu stellen. Die schöpferische theologische Leistung ist deshalb zuerst in der übergreifenden Komposition erkennbar. In der narrativen Struktur des Mk prägen sich ›theologische Spannungsbögen‹ aus, die das ganze Werk umfassen und deren gemeinsamer Skopos ist, die Identität des Nazareners Jesu als Sohn Gottes theologisch zu erschließen. Das bedeutet für Mk vor allem, Person und Wirken Jesu passionssoteriologisch zu deuten.

2.1 Theologische Spannungsbögen

Biographisch-kerygmatischer Spannungsbogen

Dieser erste Spannungsbogen umfasst den irdischen Weg Jesu. Er beginnt mit der Bereitung des Weges des Herrn durch den Täufer (1,7) und endet mit dem Vorangehen des Auferstandenen (14,28; 16,7) nach Galiläa, was zur Bildung der christlichen Gemeinde führt (s.o.). In 10,33 scheint der Aspekt des Weges Jesu als Weg des gegenwärtig wirksamen Menschensohnes verstanden zu sein.

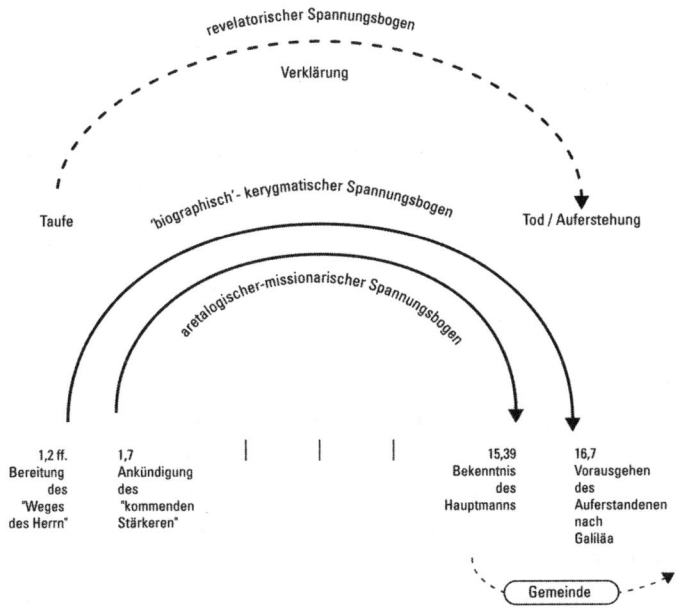

revelatorischer Spannungsbogen

Verklärung

'biographisch'- kerygmatischer Spannungsbogen

Taufe   Tod / Auferstehung

aretalogischer-missionarischer Spannungsbogen

1,2 ff.	1,7				15,39	16,7
Bereitung	Ankündigung				Bekenntnis	Vorausgehen
des	des				des	des
"Weges	"kommenden				Hauptmanns	Auferstandenen
des Herrn"	Stärkeren"					nach
						Galiläa

Gemeinde

In diesem Spannungsbogen erscheint die Geschichte Jesu unter dem Aspekt der Epiphanie des Sohnes Gottes als Offenbarungsgeschichte. Jesus tritt als der mit dem Hl. Geist Gesalbte auf, er verkündet die Botschaft von der Nähe des Gottesreiches (1,9–15), er lehrt, wirkt Wunder, führt Streit- und Lehrgespräche usw. Früh kommt hierbei sein Tod (2,20) in den Blick. Der Widerstand gegen ihn wächst und bald schon korrespondiert mit der Akzeptanz zunehmende Ablehnung (3,6). Die zweite Hälfte des Weges, der Gang ins Leiden, ist zugleich der Gang zur Auferstehung und führt zum Höhepunkt des Wirkens ans Kreuz. Die zunehmende Ablehnung Jesu kontrastiert in diesem Spannungsbogen damit, dass dem Leser die wahre Identität Jesu von Anfang erschlossen ist und dass diese Zurückstoßung von Person und Botschaft wächst und sich verschärft, je mehr sich Jesus in seinem ›wahren Wesen‹ den Menschen zu erkennen gibt. Durch die narrative Anlage des Spannungsbogens ist der Leser früh darauf vorbereitet, dass die wachsende Ablehnung in der »Katastrophe« des Kreuzes münden wird.

Der biographisch-kerygmatische Spannungsbogen mündet in die christliche Gemeinde ein, die das gültige Bekenntnis verantwortet und tradiert: Die Gemeinde, die um die wahre Würde Jesu weiß, hat sich darauf einzurichten, dass ihr Nachfolge Jesu, die das Leben umfassend neu profiliert (10,17–31 parr), und die eine ›Leidensnachfolge‹ (8,34–9,1 parr) sein wird, die gleiche Ablehnung und ebenso solche Anfeindung entgegenschlagen wird.

Aretalogisch-missionarischer Spannungsbogen

Der zweite Spannungsbogen will verdeutlichen, dass das ganze Ev danach drängt, die wahre Würde Jesu zu akklamieren. Dieser Spannungsbogen wird von zwei gegenläufigen Motivkreisen bestimmt: einerseits durch Motive der Akklamation/Admiration, andererseits von Motiven der Geheimhaltung des Wirkens Jesu. Die zweite Motivgruppe begegnet vor allem in den Wundergeschichten. Ihren Ausgangspunkt nimmt diese theologische Erschließung Jesu zwar in der Synagoge von Kafarnaum, aber die Ankündigung des Kommens des Stärkeren durch den Täufer (1,7) nimmt bereits vorweg, welche Wirkung dem Auftakt in der Synagoge von Kapharnaum zuteil wird. Gestützt wird der Spannungsbogen von den »Chorschlüssen« (1,27; 2,12), den Akklamationen (besonders in 15,39), Verbreitungsnotizen sowie der Schilderung des Andrangs des Volkes zu Jesus. Dies alles ist Ausdruck der Wirkung Jesu auf die Menschen, die im Mk Zeugen seiner Worte und Taten werden. Schließlich wird in Jerusalem die Frage nach Jesu Vollmacht gestellt (11,27–33), und das Verhör vor dem Hohen Rat (14,53ff.) thematisiert explizit die Frage nach der messianischen Würde Jesu. Seinen Widerhalt findet der zweite Spannungsbogen im Bekenntnis des Zentruio unter dem Kreuz (15,39). Auch dieser Spannungsbogen mündet in die christliche Gemeinde ein.

Revelatorischer Spannungsbogen

Der dritte Spannungsbogen erfasst die im Verfauf des Ev fortschreitende Offenbarung der Würde Jesu. Gemeint sind damit die Schilderung der Taufe (1,10f.), Verklärung (9,7) und der Botschaft von der Auferstehung Jesu (16,6). Dieser Bogen schließt Anfang, Mitte und Schluss des Mk zusammen und überlagert die ersten beiden Spannungsbögen in dem Sinn, dass er den theologischen Skopos der ersten beiden Spannungsbögen anzeigt. Wie diese mündet auch der revelatorische Spannungsbogen in die christliche Gemeinde ein, in den Raum, wo Jesu Würde uneingeschränkt gültig ist, sodass nur hier vollgültig akklamiert werden kann: Jesus, der Christus, ist Sohn Gottes. Der Ort dieses Bekenntnisses ist in den verschiedenen Feldern des Eigenlebens der Gemeinden zu sehen, vor allem in der liturgischen Feier der Glaubensmysterien, dem Konsens im Bekenntnis und der mit dem Bekenntnis kohärenten ethischen Praxis, sowie in der Mission.

2.2 Theologische Intentionen und Perspektiven

Der Weg Jesu und die Nachfolge der Jünger

Mk ordnet seinen Stoff um zwei theologische und geographische Pole: Galiläa und Jerusalem. Jesu Wirken beginnt in Galiläa, wo er seine ersten Anhänger gewinnt. Vor allem die Wundergeschichten spiegeln diese positive Resonanz wider. Man hat dafür den Ausdruck »galiläischer Frühling« geprägt. Jerusalem hingegen, die heilige Stadt, wird zum Ort der Feindschaft gegen Jesus, zum Symbol der letzten Verhärtung gegen seine Botschaft und das Ev, die im Tod Jesu am Kreuz kulminiert. Mk kehrt die theologische Rangfolge von Jerusalem und

Galiläa um, indem er Galiläa, das aus der Perspektive der religiösen Eliten Jerusalems als religiös minderwertig verachtet wurde, zur Stätte der Offenbarung stilisiert und komplementär dazu Jerusalem zum Ort der Ablehnung. In dieser Vertauschung spricht sich der mk Gedanke vom Übergang des Heils von den ›ungläubigen‹ Juden, die dem Ev nicht glauben, zu den ›gläubigen‹ Heiden aus (vgl. 15,39).

Die theologische Qualifizierung von Galiläa und Jerusalem geht allerdings nur aus den großen Linien im Mk hervor. Auch in Galiläa gibt es das Nichtbegreifen der Botschaft Jesu und die Erfahrung der Ablehnung. Die Verhärtung in seinem Heimatort Nazaret steht jener von Jerusalem nicht nach. Weiterhin wird der erste Todesbeschluss bereits in Galiläa gefasst. Umgekehrt gibt es beim Einzug in Jerusalem Jubel um Jesus. Auf diese Weise wird mittels der theologisch motivierten Geographie Jerusalem als Höhepunkt im Wirken Jesu bestimmt. Indem er dort stirbt, gelangt sein Wirken zur Erfüllung. Hier in Jerusalem gibt ein Heide mit seinem Bekenntnis »Wahrhaftig, dieser Mensch ist Gottes Sohn« (15,39) die im Sinne des Mk allein vollgültige Antwort des gläubigen Menschen auf das Wirken Jesu. Jerusalem wird zu dem Ort gestaltet, an dem Jesu Wirken sich endgültig offenbart: im gemeinsamen Mahl (14,17–25) und in seiner Auferstehung (16,6). Mk hat diesen Weg Jesu zur Passion in Jerusalem durch das Motiv der Nachfolge als Weg des Heils ausgewiesen. Dazu dienen vor allem die Jüngerszenen.

Die *Jüngerthematik* bildet das bei Mk augenfälligste Erzählgefälle. Der Bevorzugung und Auswahl sowie dem von Petrus gesprochenen Bekenntnis zu Jesus als Christus stehen ihr Unverständnis und ihre Unfähigkeit, Jesu Werk zu begreifen, sowie die darauf reagierende scharfe Rüge durch Jesus gegenüber (Gnilka). Die Jünger waren Jesus von Galiläa nach Jerusalem gefolgt, aber sie verstehen nicht, dass Jesu Messianität nicht in den politischen Triumph, sondern ans Kreuz führt. Der von den Jüngern bis zuletzt missverstandene Ruf in die

Nachfolge Jesu als Kreuzesnachfolge ist der Mittelpunkt des Mk und will die Wahrheit der Kreuzesnachfolge der nachösterlichen Jüngergemeinde einprägen. Bereits in der einführenden Kennzeichnung der Botschaft Jesu ist die Aufforderung zum Glauben zu vernehmen (1,15). Zu dieser Thematik gehört auch, dass Jesus immer wieder auf Unglauben stößt: Ein Rest des Unglaubens bleibt im Glauben. Mk weiß um die Dialektik des Glaubens (Gnilka) und demonstriert sie u. a. damit, dass er ein magisches Wunderverständnis immer wieder klar von dem in 1,15 geforderten Glauben absetzt (vgl. 5,34; 10,52).

Th. Söding zufolge versteht Mk unter ›Glaube‹ die vom irdischen wie vom auferstandenen Gottessohn Jesus ermöglichte und geforderte Antwort auf Gottes Basileia-Handeln. Diese Antwort werde in dem Maß zu einem rückhaltlosen Vertrauen auf Gott, wie sie in ihrer Ausrichtung auf Jesus Christus spannungsvolles Zueinander vom ›Bekenntnisglauben und Vertrauensglauben‹ ist. Mk entwickle hierdurch ein komplexes, spannungsvolles, aber eben darin profiliertes Glaubensverständnis. Gegenüber dieser vertieften Glaubensauffassung scheinen z. B. die Wundererzählungen Jesu, in denen Glaube eigentlich ein überraschend seltenes Thema ist, darauf hinzuweisen, dass Mk ein viel weniger reflektiertes und noch undogmatischeres, dafür aber auch unkompliziertes und entspanntes Verhältnis zum Glauben erkennen lässt.

Zweifelsohne besitzen aber die von Mk entwickelten Nachfolgeerzählungen auch insofern paradigmatische Bedeutung, als Mk die Herauslösung der Jünger aus ihrem Unverständnis mit der Gnade Gottes erklärt. Folglich lebt die dem Leser vorgestellte Jüngerschaft aus dem ›Zuvorkommen‹ Gottes (Gnilka), wobei sie unter das Postulat der Kreuzesnachfolge als Charakterisierung der Jesusnachfolge gestellt ist.

Anhand der Jüngerthematik wird ferner das Verhältnis zwischen altem und endzeitlichem Gottesvolk illustriert. Der Vorwurf des Versagens seitens des alten Gottesvolkes dient als

Negativfolie einer positiven Entwicklung (Gnilka), nämlich der Konstituierung des endzeitlichen Gottesvolkes, das aus allen Völkern bestehen soll, denen deshalb das »Evangelium von Jesus Christus, dem Sohn Gottes« (1,1) verkündet werden muss.

Die Botschaft vom Reich Gottes

Mk greift die Botschaft Jesu vom Reich Gottes (basileía toû theoû) auf und gibt ihr ein eigenes Profil (Dautzenberg). Diese Basileia Gottes, obwohl eigentlich ein eschatologisches Gut, beginnt sich bereits jetzt im Wirken Jesu zu verwirklichen. Bereits in der Gegenwart kann das in der Zukunft sich Vollendende anteilhaft erfahren werden. Wegen ihres Gegenwartsbezugs hat die Basileia Geheimnischarakter. Das Mysterion ist christologisch zu deuten und gehört in den Bereich des »Messiasgeheimnisses«. Über die ›Reich-Gottes-Predigt‹ Jesu und ihre beiden ›Pole‹ (Hoffmann) ist bereits im Abschnitt über die Spruchsammlung (Q) gesprochen worden.

Das »Messiasgeheimnis« bzw. die »geheimen Epiphanien«

Leben und Wirken Jesu erscheinen im Mk in eigenartiger Weise gebrochen. Jesus tut Wunder und predigt, wird aber dennoch in seiner wahren Bedeutung nicht erkannt. Es hat den Anschein, als wolle Jesus in seiner theologischen Würde nicht erkannt werden. Darauf weisen das Jüngerunverständnis und die Schweigegebote. Letztere lassen sich entsprechend ihrer Adressaten in drei Gruppen einteilen.

■ *Schweigegebote an die Dämonen:* Jesus treibt Dämonen aus und sie erkennen Jesu wahre Identität. Die Dämonen sind nach antiker Auffassung mit überirdischer Macht und Kraft ausgestattet. Daher erkennen sie Jesus und schreien diese Erkenntnis heraus: »Ich weiß, wer du bist ...« (1,24); »Du bist der Sohn Gottes.« (3,1) u. a. Im Rahmen der Wundererzählung sind diese identifizierenden Ausrufe der Versuch, sich vor Jesus, dem Exorzisten, zu schützen. Jesus antwortet darauf mit dem Verbot, ihr Wissen bekannt zu machen (1,34b; 3,12).

▨ *Schweigegebote an die Jünger:* An zwei Stellen gebietet Jesus den Jüngern strenge Geheimhaltung ihrer theologischen Einsicht: nach dem Messiasbekenntnis des Petrus (8,30) und nach der Verklärung (9,9). Auffallenderweise erfolgen die Schweigegebote an die Jünger in Situationen, in denen Jesu wahres Wesen offenbar wird. Die Schweigegebote Jesu an die Dämonen und die Jünger beziehen sich zudem auf Jesu wahre Identität, die demnach während seiner irdischen Wirklichkeit verborgen bleiben muss (9,9b).

▨ *Schweigegebote an Geheilte:* Die Schweigegebote an den Geheilten in Wundergeschichten haben regelmäßig die gegenteilige Wirkung (vgl. 1,45; 5,43; 7,36).

W. Wrede hat in seiner Studie »Das Messiasgeheimnis« (1901) als erster auf diesen Sachverhalt aufmerksam gemacht. Beim Messiasgeheimnis handle es sich um eine Theorie, die die Christologie des Mk bestimme. Wrede zufolge hat Jesus nicht gelehrt, dass er der Messias ist. Nach Ostern hätten seine Jünger aber aufgrund der Erscheinungen an ihn als den Messias geglaubt, sich zugleich aber daran erinnert, dass von seiner Messianität in seinem Leben nichts zu sehen war. Mittels der Geheimnistheorie hätten die Gemeinden versucht, ihren christologischen Glauben mit ihren Jesuserinnerungen in Einklang zu bringen. Der christologischen Theorie der Gemeinden zufolge habe der irdische Jesus sich zwar als Messias bzw. Sohn Gottes gewusst, wollte dies aber absichtlich geheim gehalten wissen. Das »Messiasgeheimnis« gehe also nicht auf Mk zurück, sondern spiegle die Verlegenheit der vormarkinischen Gemeinde wider.

Wredes Deutung ist so nicht haltbar, weil es letztlich keine unmessianische Jesusüberlieferung gibt. In der Mk-Forschung besteht inzwischen Konsens, dass das Messiasgeheimnis als theologische Theorie zu verstehen ist, die in ihren Elementen auf Mk zurückgeht. Aus theologischen Gründen hat Mk seine

Geheimnistheorie nämlich sogar dort eingefügt, wo sie der Handlungslogik widerspricht. Das wird vor allem in den Schweigegeboten im Rahmen der Wundererzählungen deutlich.

Neuere Untersuchungen betonen, dass lediglich die Schweigegebote an Dämonen und an die Jünger das eigentliche Messiasgeheimnis ausmachen. Denn nur hier gehe es um die Identität Jesu in dem Sinne, zu verschweigen, dass er der Sohn Gottes und der Messias ist. Diese Differenzierung legt sich durch folgende Beobachtungen nahe: 1. Die Schweigegebote in den Therapien beziehen sich im Unterschied zu denen in den Exorzismen und den Schweigegeboten an die Jünger nicht nur auf die theologische Identität Jesu, sondern auf die Wunderheilung selbst. Folglich habe man das Wunder- vom Messiasgeheimnis zu unterscheiden. 2. Die Schweigegebote an die Dämonen und die Jünger werden im Mk nicht übertreten im Unterschied zu den Schweigegeboten an die Geheilten. Allerdings ist nicht auszuschließen, dass Mk eine ihm vorgegebene Vorstellung (Messiasgeheimnis) verallgemeinert und diese vormarkinische theologische Deutung des Nazareners seiner Gesamtdarstellung dienstbar gemacht hat.

Hinsichtlich der Intention ist im zweiten Schweigegebot an die Jünger eine Art hermeneutischer Schlüssel zu sehen (Gnilka). Die drei Zeugen der Verklärung sollten niemandem davon erzählen bis der Menschensohn von den Toten auferstanden ist (9,9b). Es handelt sich also um ein *befristetes* Schweigen. Mit dieser Befristung sind Tod und Auferstehung als Höhepunkte der in Jesus erfolgten Offenbarung herausgestellt, von denen allein aus Jesus zutreffend erschließbar wird; d. h. erst von Tod und Auferstehung her lässt sich erkennen, wer dieser Jesus war und was seine Vollmacht ausmachte. Von Kreuz (vgl. das Bekenntnis des Zenturio) und Auferstehung zurückschauend, erscheint Jesus in seinem irdischen Wirken als der verborgene Messias; sein Leben und Wirken erschließen sich im Rückblick als ›geheime Epiphanie‹. Obwohl

Jesus auch schon vor Kreuz und Auferstehung für den Glaubenden Gottes Sohn ist, kann er doch als solcher davor nicht angemessen erfasst werden. Der glaubensbereite Hörer und Leser vermag durch das Ev im Blick auf Jesu Tod und Auferstehung zu erkennen, wer dieser Jesus war und ist. In jener theologisch erschlossenen Bedeutung gilt es Jesus zu bezeugen und zu verkündigen. Das Mk will also von seinem Schluss her erneut gelesen werden und dabei soll das Erkannte in die Tat umgesetzt werden.

Die Elemente der mk Geheimnistheorie entspringen also keinem historischen Interesse. Sie zielen vielmehr auf den Leser und wollen ihn zu einer umfassenden Erkenntnis Jesu Christi führen. Die Geheimnistheorie hat zugleich die Möglichkeit geschaffen, die Jesusüberlieferungen der überkommenen Wundergeschichten und der Passionstraditionen im Rahmen der Gattung Ev zu einer Einheit zu komponieren.

Das Schweigegebot am Ende der Verklärungsgeschichte (9,9) verdeutlicht zudem, dass die Geheimnistheorie als eine Form der mk Kreuzestheologie begriffen werden muss (Schnelle). Eine Komponente dieser Kreuzestheologie ist die Offenbarung der Gottessohnschaft (1,11; 9,7; 15,39), denn zuvor wissen nur Gott und die Dämonen um das wahre Wesen Jesu. Mit der Sohn-Gottes-Prädikation des Zenturios kommt unter dem Kreuz auf der textinternen Ebene der erste Mensch zu einer zutreffenden theologischen Aussage über die Person Jesu.

Weitere Elemente der mk Kreuzestheologie sind die Leidensweissagungen sowie die Worte über die Leidensnachfolge. Insofern konvergiert mit dem Messiasgeheimnis (8,27–30) auch die dreifache Korrektur des Messiasbekenntnisses durch den mk Jesus (8,31–33); sie weist darauf hin, dass auch die aus der jüdischen Messiasdogmatik gespeiste, dezidiert theologische Deutung Jesu nicht hinreichend ist, sofern nicht zugleich erklärt wird, welche Messiasvorstellung zum Tragen kommt.

3.0 Historische Aspekte

3.1 Verfasser und Adressaten

Das Mk ist ein anonymer frühchristlicher Text. Alle Versuche, seinen Verfasser mit einer in der Frühchristentumsgeschichte bekannten Gestalt namens Markus zu identifizieren sind gescheitert. Das meiste, was man sagen kann, ist: Wahrscheinlich war der Verfasser hellenistischer Judenchrist.

Mk schreibt für eine überwiegend heidenchristliche Gemeinde. Dafür spricht, dass jüdische Gepflogenheiten erklärt (vgl. 2,18; 7,2–4) und semitische Ausdrücke übersetzt werden (vgl. 7,11). Es fehlt der für Juden höchst wichtige Terminus »nómos« – Gesetz. Ein weiterer Anhaltspunkt ist die mk Darstellung des Wirkens und der Verkündigung Jesu. Sie bezieht die Heiden ausdrücklich ein, was auf Heidenmission durch die Adressatengemeinde schließen lässt. Bisweilen wird hierfür auf die beiden Speisungsgeschichten und deren Platzierung im Ev verwiesen. Die ›Speisung der 5000‹ (6,35–44) markiert den Abschluss des Wirkens unter den Juden während die ›Speisung der 4000‹ (8,1–10) Jesu Wirken unter den Heiden beschließt. Wie schon der irdische Jesus Tischgemeinschaft mit den Heiden pflegte, so hat er nun mit ihnen in der Eucharistie Gemeinschaft. Juden verschließen sich und Heiden öffnen sich für die Botschaft Jesu (7,24–30). Die Übergabe des heilsgeschichtlichen Vorrechts der Juden an die Völker (12,9) und der Anspruch auf Verkündigung unter allen Völkern (13,10) sind aus dieser Perspektive nur folgerichtig (Schnelle). Auf der textinternen Ebene ist es schließlich ein Heide, der als erster die Gottessohnschaft Jesu bekennt (15,39).

Ferner ist aus Mk 7 sowie aus Fragen nach dem rechten Gottesgehorsam (Mk 2,18–22) zu entnehmen, dass die mk Gemeinde nicht nur aus Heidenchristen zusammengesetzt war, sondern dass in ihrem Umfeld sowohl verschiedene Formen des Christentums als auch jüdische Glaubenspraxis präsent waren. Ein aktuelles Problem ist das Auftreten von Charismatikern, die mit Kenntnis über Zeit und Ort der Wiederkunft Christi werben. Mk schimpft sie »falsche Messiase und falsche Propheten« und warnt vor ihnen (13,5–6. 21–22). Auf Konflikte mit der politischen und religiösen Umwelt verweisen vielleicht Mk 13 und der Aufruf an die Adressaten, zu Leiden in der Jesus- und d. h. in Kreuzesnachfolge bereit zu sein.

3.2 Abfassungsort und Abfassungszeit

Galiläa, die Dekápolis, Syrien und Rom werden als Herkunftsort erwogen. Gnilka meint, Mk sei für Heidenchristen im Westen der Mittelmeerwelt verfasst. Die Debatte über im Kern jüdische Frömmigkeitsformen u. a. lässt indes eine Abfassung in der Region um Antiochia am Orontes denkbar erscheinen.

Die Datierung hängt auch von der Interpretation des sogenannten »Apokalyptischen Flugblattes« ab, das in Mk 13 verarbeitet ist. Mk 13 scheint den Untergang des Tempels als noch nicht lange zurückliegendes Ereignis vorauszusetzen. Folglich wäre Mk bald nach 70 abgefasst worden. Falls Mk 13 nur die Nähe des jüdischen Krieges im Blick hat, scheint auch eine Datierung vor das Jahr 66 möglich.

Die Frühdatierung hat durch einen Handschriftenfund in Qumran und dessen Interpretation als Stück aus dem Mk Aufwind bekommen. 1972 vertrat der Papyrologe J. Calaghan die These, einige der 19 griechischen Fragmente aus der Höhle 7 in Qumran (7Q01–7Q19 = DJD 111) seien identisch mit Texten im NT. Ob die Texte aus der Qumrangemeinschaft stammen oder erst später in der Höhle verborgen wurden, ist kaum zu beantworten. Wegen des schlechten Zustandes der oft nur sehr kleinen Papyrusstücke und Unsicherheiten der Textrekonstruktion, und dem daraus resultierenden sehr geringen Textbestand bleibt indes jede Identifizierung hypothetisch; das belegen die bisherigen Vorschläge:

Fragment	Neutestamentliche Texte	Alternativen
7Q4	1 Tim 3,16; 4,1.3	Num 14,23–24; Hen 103,3–4
7Q5	Mk 6,52–53	Ex 36,10–11; 2 Kön 5,13–14; Sach 7,4–5
7Q6,1	Mk 4,28	
7Q6,2	Apg 27,38	
7Q7	Mk 12,17	
7Q9	Röm 5,11–12	
7Q10	2 Petr 1,15	
7Q15	Mk 6,48	

Spektakulär sind vor allem die Identifizierungsvorschläge für 7Q4 und 7Q5, weil damit sowohl die Pastoralbriefe als auch das Mk vor das Jahr 70 datierbar scheinen. Bezüglich des Mk beträfe diese Frühdatierung genau genommen aber nur die Abfolge zweier Wundergeschichten, nämlich jene vom Gang auf dem Wasser (6,45–52) sowie die anschließende Therapie in Gennesaret (6,53–56); 7Q5 scheint exakt die Schnittstelle beider Erzählungen zu enthalten. Die Existenz und Zusammenstellung der beiden Wundergeschichten beweist allerdings nicht schon, dass die Abfassung des Mk vor dem jüdischen Krieg erfolgt sein muss. Das bedeutet: Ein Einfluss von Qumran auf das Mk oder auf die mk Gemeinde ist mit den Textfunden in Höhle 7 nicht zu erweisen. Die Abfassung des Mk in den ersten Jahren nach 70 hat nach wie vor die größte Wahrscheinlichkeit für sich.

E. Die Seitenreferenten

Das Mt bezeugt zusammen mit Lk die älteste Rezeptions-
geschichte des Mk. Beide haben Mk benutzt und mit je eigener
Kompositionsstrategie das ihnen vorliegende Material der
Spruchsammlung sowie ihr jeweiliges Sondergut in den Erzählrahmen des Mk mit dem Ziel eingefügt, eine das Mk überbietende erzählende Darstellung des Wirkens Jesu zu gestalten.
Unter Wahrung des mk Rahmens verfassten Mt und Lk Evv
mit je eigenem literarischem und theologischem Profil, die in
voneinander verschiedene historische Kontexte gehören. Beide
Seitenreferenten verfolgten die Absicht, ihre Mk-Vorlage zu
verbessern und zu vervollständigen. Ihre kompositorischen Vor-
gehensweisen waren jedoch geradezu konträr. Lk prägte seiner
Q-Vorlage den Charakter des Mk-Stoffes auf. Dadurch gewinnt Lk das Profil einer Geschichtsdarstellung, die wohl von
Anfang an auf die Fortsetzung in der Apg angelegt war (lk
Doppelwerk). Bei Mt hingegen wird der Mk-Stoff durch Redekompositionen dominiert, die er mit Hilfe des Materials aus Q
und seines Sondergutes gestaltet hat. Darum wirkt Mt nicht
selten wie ein Lehrbuch.

1.0 Evangelium nach Matthäus

Bornkamm 13–47; Broer 99–125; Luz 1,15–82; Schenke/Fischer
96–123; Schnelle 261–282; Vielhauer 355–365.

1.1 Literarische Aspekte

Mt hält am Aufriss des Mk fest. Seine Erweiterungen im Rede-stoff, insbesondere durch die fünf großen Reden, sowie die Neuarrangements innerhalb von Stoffgruppen, vor allem im ersten Hauptteil (Mt 1–11), ändern nichts daran, dass das Mt auf der Grundlage des mk Erzählrahmens eine »Erzählung« (Luz 1,85) sein will. Allerdings legt Mt durch seine Eintragun-gen, Verbesserungen und Vervollständigungen über das pietät-voll gewahrte Gerüst der geographischen und chronologischen Ordnung des Mk eine neue kompositorische Struktur, in der die Sachanordnung dominiert. – Die folgende Grobgliederung orientiert sich an Luz.

1,1–4,22	Präludium		
	1,1–2,23	Kindheitsgeschichte	
		1,1–25	Stammbaum
		2,1–23	Ablehnung des Christus, seine Ankunft in Galiläa
	3,1–4,22	Vorbereitung des Wirkens Jesu	
		3,1–17	Täuferpredigt u. Taufe Jesu
		4,1–11	Versuchung Jesu
		4,12–22	Auftreten in Galiläa, erste Berufungen
4,23–11,30	Jesu Wirken in Israel in Wort und Tat		
	4,23–25	summarische Eröffnung	
		5,1–7,29	Bergpredigt
		8,1–9,34	Wundergeschichten
	9,35	summarischer Abschluss	
	9,36–11,1	Rede an die Jünger	
	11,2–30	Rede über Israels Krisis	
12,1–28,20	Entstehen der Jüngergemeinde im Ringen um Israel		
	12,1–16,12	Konflikt mit den Eliten und Jüngerbelehrungen	
	16,13–20,23	Gemeindefragen	
	21,1–25,46	Jesu Wirken in Jerusalem	
	26,1–28,20	Passionsgeschichte und Ostergeschichten	

Die *Verbesserungen* sind zunächst die engere und stilistisch geschicktere Verknüpfung der oft nur parataktisch aneinander gefügten Perikopen der Mk-Vorlage durch Zeit- und Ortsangaben, sodann sprachliche Verbesserungen (u. a. Vermeidung von Aramäismen; z. B. Mk 1,13 par Mt 4,2; Mk 5,41 par Mt 9,25; Mk 7,11 par Mt 15.5; Mk 7,34 par Mt 15,30) die Glättung (narrativer) Nähte (vgl. B. 4.1) sowie die Straffung von Erzählungen (z. B. Mk 1,29–31 par Mt 8,14f.; Mk 5,1–20 par Mt 8,28–34; Mk 5,21–43 par Mt 9,18–26). Hinzu kommt die Neuordnung von Stoffgruppen im ersten Hauptteil des Mt. Das zeigt ein Vergleich von Mk 1,29–5,43 mit Mt 8,1–13,18 (vgl. B. 2.2) sowie speziell das neue Arrangement von Wundergeschichten aus Mk 1,29–3,6 und Mk 4,35–5,43 innerhalb des Korpus von zehn Wundergeschichten in Mt 8,1–9,34 (vgl. folgende Abb.) sowie die Platzierung der beiden Normwundergeschichten an den Anfang des zweiten Hauptteils (Mt 12–28), wo der Konflikt mit den religiösen Eliten der Juden offen zu Tage tritt und eskaliert.

Mt gruppiert diese Therapien sowie die aufeinander folgende Rettungswundergeschichte (Sturmstillung) und den Exorzismus in Gerasa neu, indem er die Therapie des Aussätzigen an den Anfang stellt. Hierdurch leitet nun das Summar der Therapien (Mk 1,32–34 par Mt 8,16–17) über zur Rettungswundergeschichte und zum Exorzismus (Mt 8,28–9,8). Durch das aus Q zwischen den Sammelbericht und die Sturmstillung eingefügte Logion über die Nachfolge (Mt 8,18–22) steht die Rettungswundergeschichte zusätzlich im Licht des wichtigen mt Themas der Jesusnachfolge. Diesen lehrhaften Charakter forciert Mt auch in anderen Wundergeschichten.

Indem Mt die beiden Normwundergeschichten (Mk 2,23–3,6) an den Anfang des zweiten Hauptteils transferiert (Mt 12,1–14), wo sie formgerecht und mit thematischem Anschluss den Auftakt zu den Auseinandersetzungen mit den Pharisäern und Schriftgelehrten über Jesu Vollmacht bilden, leitet nun die Therapie des Gelähmten zur zweiten Sequenz von Heilwundergeschichten über (Mk 2,1–12 par Mt 9,1–8.18–34). En bloc übernimmt Mt mit dieser Wundergeschichte die daran angeschlossene Berufungserzählung des Levi/Matthäus und die Jüngerbelehrung über die rechte Frömmigkeit (Mk 2,13–22 par Mt 9,9–17), die Ausdruck der neuen Gerechtigkeit (vgl. Mt 6,16–18.33) ist. Mit der ›Wiederbelebungsgeschichte‹ der Tochter des Jaïrus nimmt Mt den Erzählfaden der Therapien wieder auf und fügt daran zwei Heilwundergeschichten aus dem mt Sondergut und aus Q (vgl. Q 11,14f.). Die Therapien rahmen nun die Rettungswundergeschichte und den Exorzismus.

Auffällig ist bei jenem verbessernden Neuarrangement von zehn Wundergeschichten, dass Mt einerseits versucht, Perikopen, die in Mk verbunden sind, zusammen zu lassen, andererseits bestrebt ist, die Machttaten Jesu in Zweiergruppen anzuordnen und den gesamten Komplex konzentrisch zu gestalten. Hierzu fügt er aus Q die Heilwundergeschichte um den Hauptmann von Kafarnaum in Mt 8,5–13 ein. Auf diese Weise gehen der Rettungswundergeschichte und dem Exorzismus zwei Zweiergruppen voraus, in denen Therapien thematisiert sind. Das Kompositionsprinzip schafft die Möglichkeit, die mit den aus Mk übernommenen Heilwundergeschichten erzählte Heilstätigkeit Jesu (Mt 9,1–8.18–26) mittels Therapien aus dem mt Sondergut und Q (Mt 9,32–34; vgl. Q 11,14f.) zu vervollständigen und somit durch ebenfalls zwei Zweiergruppen die Erzählung von der heilenden und rettenden Wirksamkeit Jesu konzentrisch zu komponieren.

Die schriftstellerischen Fähigkeiten des Mt zeigen sich auch darin, dass er erstens den primär aus Mk gewonnenen Kapiteln 8 und 9 über die *Machttaten Jesu* die ebenso kohärent aus Q und dem Sondergut konzipierte *Lehre Jesu* vorausstellt (Bergpredigt) und zweitens deren für Jesus konstitutive Zusammengehörigkeit dadurch anzeigt, dass er diese fünf Kapitel durch zwei fast gleich lautende Summarien, die eine beide

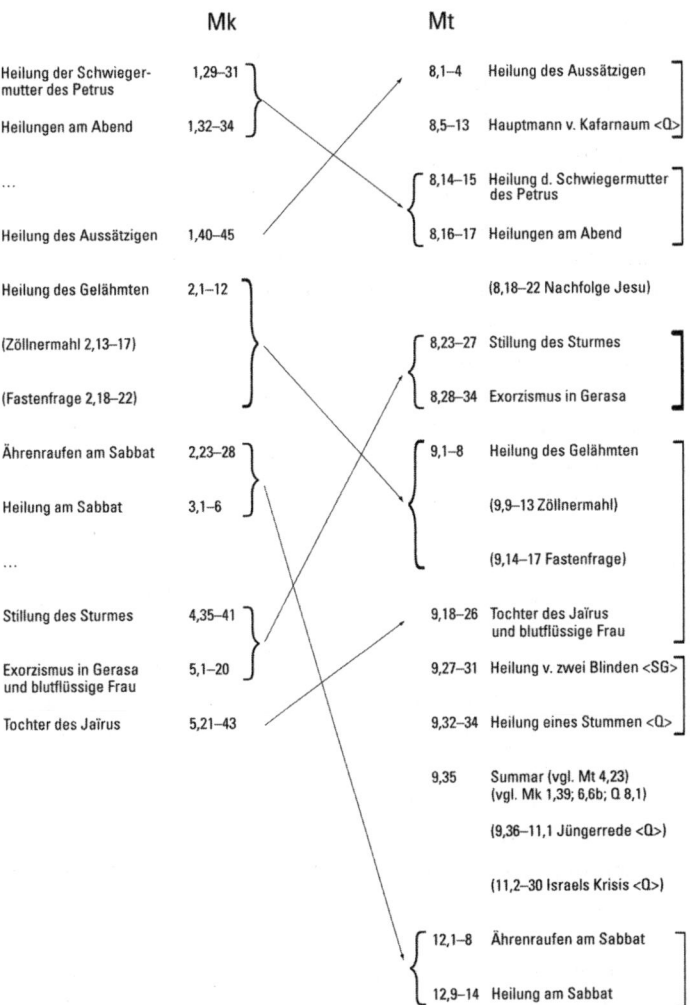

	Mk		Mt
Heilung der Schwiegermutter des Petrus	1,29–31	8,1–4	Heilung des Aussätzigen
Heilungen am Abend	1,32–34	8,5–13	Hauptmann v. Kafarnaum <Q>
…		8,14–15	Heilung d. Schwiegermutter des Petrus
Heilung des Aussätzigen	1,40–45	8,16–17	Heilungen am Abend
Heilung des Gelähmten	2,1–12		(8,18–22 Nachfolge Jesu)
(Zöllnermahl 2,13–17)		8,23–27	Stillung des Sturmes
(Fastenfrage 2,18–22)		8,28–34	Exorzismus in Gerasa
Ährenraufen am Sabbat	2,23–28	9,1–8	Heilung des Gelähmten
Heilung am Sabbat	3,1–6		(9,9–13 Zöllnermahl)
…			(9,14–17 Fastenfrage)
Stillung des Sturmes	4,35–41	9,18–26	Tochter des Jaïrus und blutflüssige Frau
Exorzismus in Gerasa und blutflüssige Frau	5,1–20	9,27–31	Heilung v. zwei Blinden <SG>
Tochter des Jaïrus	5,21–43	9,32–34	Heilung eines Stummen <Q>
		9,35	Summar (vgl. Mt 4,23) (vgl. Mk 1,39; 6,6b; Q 8,1)
			(9,36–11,1 Jüngerrede <Q>)
			(11,2–30 Israels Krisis <Q>)
		12,1–8	Ährenraufen am Sabbat
		12,9–14	Heilung am Sabbat

Themen nennende Eröffnung (4,23) und einen korrespondierenden Abschluss (9,35) bilden, als Einheit kenntlich macht. Wie prägend für Mt das mk Gerüst trotz aller Modifikation und Erweiterung bleibt, lässt sich daran erkennen, dass Mt 7,28f. als Abschluss der ersten Redekomposition (Bergpredigt) die Notiz über die Wirkung der Lehre Jesu die aus Mk 1,22 zitiert (vgl. B. 2.2). Bei Mt richtet sich die Rede zwar nicht an die Jünger, sondern an das Volk, aber die Funktion der Notiz bleibt konstant: das Staunen über die *Lehre Jesu.* Den Aufbau der Bergpredigt sowie ihre für die mt Christologie kennzeichnende Platzierung vor den zehn Wundergeschichten in Mt 8–9 und ihre Verbindung mit diesen Machttaten Jesu zeigt folgende Graphik (Seite 109).

Mt will Jesus mit dieser Ringkomposition als *Lehrer, Verkünder* und *Wundertäter* ausweisen. In seiner gesamten Wirksamkeit bekundet sich Jesu Vollmacht. Seine eigenständige Autorität wird besonders deutlich in der Bergpredigt. Jesus lehrt, dass sich die Erfüllung der Weisungen des Herrn (Jahwe) daran misst, ob der Gehorsam Ausdruck der Besinnung auf das in ihm begründete neue Verhältnis zu Gott dem Vater sein will.

Die Bergpredigt zeigt auch, dass die kompositorischen Verbesserungen des Mt gegenüber Mk (wie z. B. in Mt 8,1–9,34) oft verbunden sind mit einer *Vervollständigung* der Darstellung des Wirkens Jesu. Das geschieht durch Eintragung von Stoffen aus Q und aus dem mt Sondergut in den mk Erzählrahmen. Mt fügt dieses Material entweder thematisch geordnet an Nahtstellen des Mk ein, nämlich die Bergpredigt (5,1–7,29) sowie die Rede über Israels Krisis (11,2–30) als Überleitung zum zweiten Hauptteil, oder er entfaltet mit den Logien aus Q mk Redestücke zu großen Redekompositionen, nämlich die Rede an die Jünger (9,36–11,1), in der Mt aus Mk die Wahl der Zwölf (Mk 3,13–19) sowie die Missionsanweisung (Mk 6,7–11) mit Logien aus Q verbunden hat, sodann die Gleichnisrede (13,1–53), die eine Erweiterung von Mk 4 ist, ferner die Rede über die Gemeinschaft und ihre Ordnung (18,1–35) sowie die Weherede gegen Schriftgelehrte und Pharisäer (23,1–24,2), an die nahtlos die Rede vom Gericht

Bergpredigt

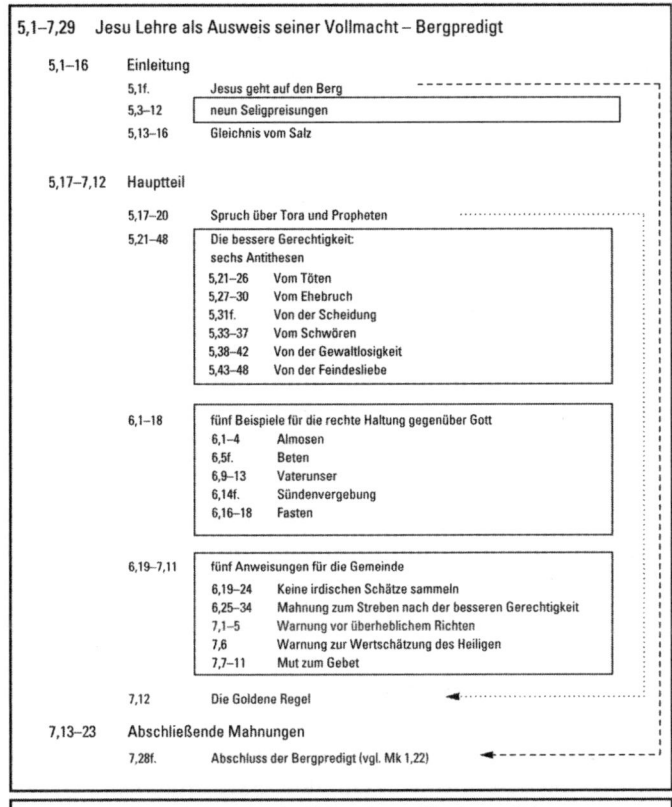

4,23–25   *Summar – Reisetätigkeit in Galiläa* (vgl. Mk 1,39; Q 6,17)

5,1–7,29   Jesu Lehre als Ausweis seiner Vollmacht – Bergpredigt

5,1–16   Einleitung
    5,1f.   Jesus geht auf den Berg
    5,3–12   neun Seligpreisungen
    5,13–16   Gleichnis vom Salz

5,17–7,12   Hauptteil
    5,17–20   Spruch über Tora und Propheten
    5,21–48   Die bessere Gerechtigkeit:
    sechs Antithesen
        5,21–26   Vom Töten
        5,27–30   Vom Ehebruch
        5,31f.   Von der Scheidung
        5,33–37   Vom Schwören
        5,38–42   Von der Gewaltlosigkeit
        5,43–48   Von der Feindesliebe

    6,1–18   fünf Beispiele für die rechte Haltung gegenüber Gott
        6,1–4   Almosen
        6,5f.   Beten
        6,9–13   Vaterunser
        6,14f.   Sündenvergebung
        6,16–18   Fasten

    6,19–7,11   fünf Anweisungen für die Gemeinde
        6,19–24   Keine irdischen Schätze sammeln
        6,25–34   Mahnung zum Streben nach der besseren Gerechtigkeit
        7,1–5   Warnung vor überheblichem Richten
        7,6   Warnung zur Wertschätzung des Heiligen
        7,7–11   Mut zum Gebet

    7,12   Die Goldene Regel
7,13–23   Abschließende Mahnungen
    7,28f.   Abschluss der Bergpredigt (vgl. Mk 1,22)

8,1–9,34   Jesu Taten als Ausweis seiner Vollmacht – v.a. Wundergeschichten

9,35   *Summar* (vgl. Mk 1,39; 6,6b; Q 8,1b)

(24,3–25,46) angeschlossen ist. Die Rückkehr von Kompositionen aus dem Q-Material zur mk Vorlage signalisiert die typische Wendung »und es begab sich, dass Jesus diese Rede (oder Reden, Unterweisung, Gleichnisse) beendet hatte …«

(7,28; 11,1; 13,53; 19,1; 26,1); durch diese Formel, die die vorausgehenden Sprüche zusammenschließt, entsteht der Eindruck von fünf großen Reden.

Zur Vervollständigung der Jesusdarstellung im Mt gehören ferner die Voranstellung der Vorgeschichte (1–2) mit dem Stammbaum (1,1–25) sowie die Anfügung der Ostergeschichten (28,9–17) und des Missionsauftrages (28,18–20). Beide Stücke schöpfen aus dem mt Sondergut (vgl. B. 4.3). Aus jenem stammt neben einzelnen Logien (z. B. 16,17–19; 18,10) und Gleichnissen (z. B. 13,24–30.36–52) vor allem legendarisches Material, z. B. im Rahmen der Rettungswunder- und Epiphaniegeschichte die Episode vom versinkenden Petrus (14,28–31), die Jüngerbelehrung über die Tempelsteuer (17,24–27) sowie Notizen im Kontext der Passionsgeschichte (vgl. die Abb. S. 138f.): u. a. der Tod des Judas und die Ätiologie für die Bezeichnung »Blutacker« (27,3–10), vermutlich auch die Warnung der Frau des Pilatus (27,19) sowie als Höhepunkt der gesamten mt Passionserzählung die rituelle Entsühnung des Pilatus durch Händewaschen und die Selbstverfluchung des Volkes (27,24f.).

1.2 Theologische Aspekte

Durch die schriftstellerischen Maßnahmen ändert sich nicht nur die literarische Gestalt einzelner Sequenzen oder größerer Textzusammenhänge, vielmehr zerfällt durch sie die theologische Konzeption des Mk. Im Fokus steht hierbei der Wegfall des für die mk Christologie zentralen Messiasgeheimnisses. Mk hatte durch dieses retardierende Stilmittel und durch theologische Schlüsselaussagen kunstvoll einen Spannungsbogen geschaffen, durch den von der Titulation Jesu als Sohn Gottes am Beginn des Mk ausgehend über das Messiasbekenntnis mit dessen dreifacher Korrektur sowie die Verklärung endlich im Bekenntnis zum Gekreuzigten und Auferstandenen die Messianität und Gottessohnschaft Jesu erschlossen wird. Demgegenüber steht im Mt schon mit der Vorgeschichte fest, dass Jesus der Messias und Gottessohn ist. Darum können alle Jünger bereits vor dem alleinigen Messiasbekenntnis des Petrus (16,16) und in Folge der Epiphanie der Göttlichkeit Jesu in der Wundererzählung vom Gang auf dem See (14,22–33) sagen: »Wahrhaftig, Gottes Sohn bist du« (14,33b). Die Zugehörigkeit der Jünger zu Jesus privilegiert sie mit der Erkenntnis der Geheimnisse des von Jesus verkündeten »Königreichs der Himmel« (Mt 13,18; vgl. Mk 4,13). Deshalb fehlt im Mt (wie auch in Lk) das typisch mk Unverständnis der Jünger. Bei Mt sind die Jünger vielmehr von Anfang an jene, die an Jesus glauben und seine Botschaft verstehen; mit ihnen spricht er unverhüllt (15,15–20). Entsprechend modifiziert Mt auch die sog. mk Gleichnistheorie (Mk 4,10–12 parr), wonach die Gleichnisse die Botschaft Jesu nicht erschließen, sondern verhüllen und Verstockung provozieren. Die Gleichnisrede Jesu dient bei Mt zur Scheidung der Jünger Jesu von den anderen, d. h. der »Volksmenge«; diese ist der Adressat der Gleichnisse und für sie allein bleibt Jesu Gleichnisbotschaft ein Geheimnis. Das ergibt sich z. B. aus einem Vergleich von Mk 4,33f. und Mt 13,34f.

Noch bedeutsamer als die vorausgesetzte Messianität Jesu ist aber, dass gemäß der mt Konzeption Jesus der präexistente und damit wesenhaft göttliche Sohn ist. Auf die Göttlichkeit Jesu verweisen die Aussagen, dass Gott ihn als »mein geliebter Sohn« bekennt (3,17; 17,5b), dass Gott durch Jesus als »mein himmlischer Vater« (18,35) angesprochen wird und sodann die auffällige Häufigkeit, mit der Ehrfurcht und Anbetung als die den Menschen gemäße Haltung vor Jesus genannt sind; in Mk geschieht diese Proskynese nur durch den Aussätzigen in Mk 1,40 (par Mt 8,2), bei Mt zusätzlich an neun weiteren Stellen (2,2.8.1; 9,18; 14,33; 15,25; 20,20; 28,9.17). Gottessohn ist für Mt der wichtigste Hoheitstitel Jesu; in ihm bringt sich das

111

zentrale und distinktive Bekenntnis der mt Gemeinde zu Ge-
hör. Diese im Grunde heidenchristliche christologische Konzeption korrespondiert charakteristischerweise mit einer gegenüber Mk intensivierten und verbreiterten Verwendung
christologischer Würdenamen jüdischer Provenienz und der
mit ihnen verbundenen Vorstellungen und Erwartungen. Neben Messias (16,16.20) und Menschensohn (16,27f.; 20,28;
24,44; vgl. 25,31) tituliert Mt Jesus als »Jungfrauensohn«
(1,23), Gottesknecht (12,18; vgl. Jes 42,1) und König der Juden
(2,2; 27,11.29.37) bzw. Israels (21,5; 27,42). Sie alle überstrahlt
der Titel Davidssohn (1,1.17; 9,27; 12,23; 15,22b; 20,30f.;
21,9.15; 22,42f.45) und die mit ihm verknüpfte, aus propheti-
scher Tradition gespeiste Vorstellung (Jes 7,14; 11,1.10), dass
Gott aus seinem Volk den als Messias verheißenen Davidssohn
erwecken und durch ihn machtvoll und treu gegenüber seinen
Verheißungen ewiges Heil schaffen wird. Mt will erweisen und
darstellen, dass sich diese jüdische Hoffnung im Nazarener Jesus erfüllt. Dazu dienen zum einen der bis auf Abraham zu-
rückgeführte Stammbaum Jesu, der ihn als Davidssohn und
zugleich als Messias und König Israels legitimiert, ferner die
Bitten (9,27b; 15,22b) und Akklamationen (21,9.15) sowie die
Machttaten (21,15) und zum anderen die zahlreichen Rekurse
auf die Schrift (AT). Schenke/Fischer erwägen, dass Mt in Front
zu einer im hellenistischen Christentum verankerten Christologie »den judenchristlichen Unterbau ... wiederbelebt« (99) habe, in dem »nicht der erhöhte, sondern der irdische Jesus im
Zentrum des theologischen Denkens steht« (ebd.). Dafür spre-
che, dass Jesu Lehre und seine Machttaten das Signum des
Eigentlichen und Endgültigen an sich tragen. In diese »Renaissance« judenchristlicher Christologumena scheint die Passionsgeschichte relativ schwer einzupassen. Mt zufolge ist Jesus
zwar konstant »Herr seines Schicksals« (Vielhauer 361), wie
auch die Passion als Ganzes als christologische Offenbarung
gestaltet ist. Für die mt Christologie ist aber dennoch zu beach-

ten, dass ihre Profilierung mittels Würdenamen jüdischer Provenienz umringt ist von dem Bekenntnis zu Jesus als präexistentem Sohn Gottes (3,17; 17,56) sowie durch die Selbstoffenbarung des Auferstandenen als Pantokrator (28,18–20). Womöglich sind die gegenüber Mk vermehrten und für judenchristliche Gemeinden wohl auch aufschlussreichen christologischen Würdenamen aus der theologischen Tradition des Judentums primär eine Folge der Bedeutung, die für Mt Schrift und Gesetz haben, um sich in der Auseinandersetzung mit dem zeitgenössischen Judentum wie auch in Abhebung von Christen mit anderem theologischem Profil zu konsolidieren.

Dafür könnte sprechen, dass Mt nicht nur die Anzahl der Schriftbelege für das bereits in Mk auf die Gestalt Jesu und sein Wirken angewandte Schema von Verheißung und Erfüllung deutlich erhöht, sondern ihnen einen neuen Skopos verleiht. Die Erfüllung der atl. Ansage ist nicht mehr im mk Sinne Zeichen der mit Jesus begonnenen Endzeit. Vor dem Hintergrund der Parusieverzögerung (25,1ff.) interpretiert Mt die Erfüllung vielmehr ekklesiologisch; sie geschieht in der Zeit der Ekklesia (16,18; 18,17), d. h. in der Jüngergemeinde. Mt ist bemüht, christliche Existenz ohne Ausklammerung der eschatologischen Dimension in der Welt der Jünger heimisch zu machen.

Eine Besonderheit der vor allem christologischen Schriftauslegung des Mt sind die womöglich durch ihn selbst gestalteten sog. Reflexionszitate. Kennzeichend ist für sie erstens die reflexive Zitationsformel »Dies (alles) geschah, damit erfüllt werde ...« (z. B. 1,22; 2,15b.17; 3,3; 4,14; 8,17a; 12,17; 13,35; 21,4; 26,56; 27,9), zweitens der sowohl vom masoretischen Text als auch von den älteren griechischen Bibelübersetzungen verschiedene Texttypus der Schriftzitate und drittens die Konzentration auf die Erfüllung einzelner Worte und Aspekte in Einzelzügen des Lebens Jesu. Dieser engen Koppelung zwischen Verheißung und Erfüllung zufolge scheint zwar die Schrift das Maß dessen, was über Jesus theologisch zutreffend ausgesagt werden kann; ihr Ziel ist aber primär die Vergewisserung (Vielhauer), dass sich die Verheißung im Nazarener Jesus als gültig und Gott als der Treue erwiesen hat.

Die soteriologische und ekklesiologische Bedeutung dieses Schriftverständnisses besteht in der Vorstellung eines ungebrochenen heilsgeschichtlichen Kontinuums, in dem Israel, Jesus und die Zeit der Kirche ihren Platz haben. Die Zeit Jesu geht dem sog. Missionsauftrag (28,16–20a) zufolge mit der Zusage des Auferstandenen an die Jünger über seine bleibende Gegenwart (28,20b) so in die Zeit der Kirche über, dass die »ganze dargestellte Geschichte Jesu … Gegenwartsbedeutung für die Kirche ›bis zum Ende der Welt‹« (Vielhauer 364) hat. Wegen dieses Kontinuums ist die Geschichte der mt Gemeinde am Heilswillen Gottes festgemacht und sie ist erfüllt von Erfahrungen mit Jesus.

Aufgrund des christologisch begründeten Kontinuums scheint die Situation der Gemeinde in den Konditionen der Jüngerschaft und der (Leidens-)Nachfolge Jesu vorgebildet zu sein und zugleich scheint sich in der mt Schilderung der Jüngerschaft die Zeit der Kirche, d. h. die zeitgenössischen Glaubens- und Lebensbedingungen der mt Gemeinde(n) widerzuspiegeln. Letzteres betrifft vor allem die pejorative Stilisierung der Pharisäer (und Schriftgelehrten) als Heuchler (z. B. 6,2.5.16; ferner die Weherede 23,1–24,2). Dazu gehört aber auch, dass Fragen der mt Gemeinde in die Zeit des irdischen Jesus zurückprojiziert und mit seiner Autorität beantwortet werden (vgl. 9,14–17).

Kennzeichen der Gemeinde ist ferner, dass sie aus Gerechten und Ungerechten besteht (vgl. das Gleichnis vom Unkraut in 13,24–30.36–43), und zwar bis zur Parusie des Menschensohnes als endzeitlicher Richter (25,31–46). Dementsprechend unterscheidet Mt die Zeit der Kirche, in die die Jünger gehören, klar vom eschatologischen Wachstumsziel der Ekklesia, nämlich der jetzt noch ausstehenden Gottesherrschaft. Ent scheidend ist aber, dass diese Heilszukunft – wie einst Israel – nun der Ekklesia, genauer den »Söhnen des Reiches« (8,12; 13,38), verheißen ist, und dass sie diese im Eschaton erlangen werden (25,34).

Weil sich die Ausrichtung der Heilsgeschichte auf das Eschaton in der Jüngerschaft vollzieht, ist neben dem Thema Jüngerschaft und Nachfolge Jesu das Verhältnis der Gemeinde zum Judentum wichtig. Die Verbindung mit Israel und der Religion, aus der das Christentum hervorgeht, versucht Mt nicht nur durch die Hochschätzung der Schrift (vgl. Reflexionszitate) und des Gesetzes (5,17f.) zu wahren, sondern, trotz des als Selbstverfluchung Israels stilisierten Bruchs (27,25) des heilsgeschichtlichen Zusammenhangs, konkret zu ermöglichen. Hierzu sieht er Frömmigkeitsformen vor, die auf Konsensfähigkeit mit dem Judentum angelegt sind und die er beispielhaft in der Bergpredigt nennt und in ihrem für die Jüngerschaft maßgeblichen Profil, nämlich der *besseren Gerechtigkeit* (5,20.48; 6,1.33), bestimmt (Bornkamm 21–29).

Mt widmet der Gemeinde, ihrem Lebenswandel in der von Jesus ermöglichten und gelehrten Gerechtigkeit und ihrem universalen Auftrag viel Aufmerksamkeit. Ihre Kernaufgaben sind die weltweite Mission, die rituelle Eingliederung in die Jüngerschaft mittels der Taufe sowie die Anleitung, unter der Weisung Jesu gehorsam nach dem Willen Gottes zu leben (28,19–20a). Damit verbindet sich für die Gemeinde die Zusage dauerhafter Gegenwart des Auferstandenen (28,20b). Die Bevollmächtigung durch den Auferstandenen, alle Menschen zu Jüngern zu machen (28,19–20a), ist im Anschluss an seine Selbstoffenbarung als Pantokrator (28,18b), die auch als überbietende Antwort auf die Huldigung der Magier (2,2.11) zu sehen ist, der Modus, wie die zugesagte praesentia Christi (20,20b) geschieht und seine Allmacht wirksam wird, bevor er im Eschaton als Pantokrator wiederkehren wird: den Glauben der Jünger übernehmen und unter der Weisung Jesu den

Willen Gottes tun (7,21–23). Für die mt Gemeinde bedeutet dies die in dem heilsgeschichtlichen Kontinuum wirkende Gegenwart Christi.

Unter der Bedingung dieser Zurüstung der Jüngerschaft ist auch die sog. Binde- und Lösegewalt (18,18) und ihre Zuordnung an Funktionsträger und Sachwalter des Evangeliums (16,18f.) zu verstehen. Mt 23,34 zufolge nehmen Propheten, Schriftgelehrte und Weise signifikante Dienste in den mt Gemeinden wahr. Sie wirken Wunder in der Vollmacht Jesu, legen unter seiner Weisung das Gesetz aus und gehorchen in der Nachfolge Jesu dem Willen Gottes. In diesen Funktionen steht die Trias der gemeindlichen Dienste in Konfrontation nicht nur mit den Repräsentanten des (zeitgenössischen) Judentums (z. B. 9,14–17), sondern auch mit einer christlichen Propaganda, die das Gesetz als abgetan betrachtet; Mt schimpft ihre Vertreter Pseudopropheten (7,15–23; 24,11). Aus dieser doppelten Front – einerseits gegen das sich in pharisäischer Tradition formierende rabbinische Judentum, andererseits gegen ein Christentum, das dem Gesetz keine Bedeutung beimisst –, erklären sich manche Redekompositionen des Mt und manche Schärfen darin.

1.3 Historische Aspekte

Abfassungszeit

Terminus post quem ist das Mk, das von Mt verwendet wird. Das Mt muss darum nach dem Jahr 70 geschrieben sein. Wahrscheinlich hat die Zerstörung Jerusalems auch die Eintragung des auffälligen Verses Mt 22,7 in die Parabel vom Hochzeitsmahl des Königssohns (22,1–14) veranlasst (Luz 3,241f.): »Da schickte der König …«. Der *terminus ad quem* ergibt sich aus der frühchristlichen Bezeugung des Mt. Auf sicheren Boden gelangt man erst bei Justin dem Märtyrer († 162/8). Er zitiert aus Mt (z. B. Mt 11,27 in dial. 100,1b; Mt 26,39b in dial. 99,2b). Justin nennt allerdings seine Quelle nicht mit Namen, sondern beruft sich auf ›ein Evangelium‹ (dial. 100,1b) oder verweist auf die »Denkwürdigkeiten der Apostel« (1 apol. 67,2; dial. 101,3; 102,5), »welche Evangelien heißen« (1 apol. 66,3). Justins Zitate belegen aber, dass das Mt, wenn auch nicht unter diesem Namen, um 160 in Rom bekannt war und im Gottesdienst verlesen wurde (1 apol. 67,2). Keine zwanzig Jahre später kann Theophilos v. Antiochia in seinen drei Büchern ›An Autolykos‹, eine Art ›Einführung ins Christentum für Eliten‹, bereits von »den Evangelien« sprechen und sie in seiner akademischen Argumentation gleichrangig mit der Schrift, d. h. dem AT, zitieren (Autol. III 12,1; 13,3; 14,2), wobei ihm das Mt am geläufigsten scheint.

Innerhalb dieses zeitlichen Rahmens lässt sich die Datierung des Mt durch zwei Überlegungen weiter eingrenzen. Erstens muss nach der Abfassung des Mk genügend Zeit gewesen sein für dessen Verbreitung und Rezeption. Letzteres beinhaltet, dass die mt Gemeinde im Mk eine essentielle Erschließung und Vertiefung für ihren Glauben erkannt hat und darum ihre eigene, durch Q und das Sondergut geprägte Jesustradition und Jesusinterpretation zugunsten deren Integration in den mk Erzählrahmen aufgegeben hat. Zweitens muss eine Datierung die Möglichkeit berücksichtigen, dass auch Anklänge an die synoptische Jesusüberlieferung in frühchristlichen Schriften vor Justin Zitate aus einem schriftlich vorliegenden Mt sein können. Nach den Stellen in dem aus den 90er Jahren stammenden ersten Klemensbrief (24,5; 46,7f.), die kein sicheres Urteil erlauben, ist man auf die Didache als der zeitlich nächst liegenden Schrift angewiesen, weil die Ignatianen womöglich doch Pseudepigraphen aus der Zeit Justins sind, sodass die Mt-Zitate in den Ignatianen (Mt 3,15 in IgnSm 1,1; Mt 15,13 in IgnPhld 3,1) für die Datierung des Mt nur bedingt herangezogen werden können. In der Didache, die um 120,

spätestens 140 in Syrien verfasst ist, erinnern vor allem ihre
»sectio evangelica« (Did 1,3b–2,1) sowie die Fastenvorschrif-
ten und das Vaterunser (Did 8) an Mt. Falls Did 11,3a ein
schriftliches Ev als Quelle anführen sollte, dann käme dafür
zuerst das Mt in Betracht.

Hinzu kommt, dass die Didache Propheten als Wandercharismatiker sowie als sesshafte Funktionsträger innerhalb
des Gemeindeverbandes kennt (Did 11; 13) und mit kirchen-
ordnenden Innovationen die Trennung vom Judentum vor-
schreibt (Did 7,1–8,1). Die Did setzt eine Verfassung voraus,
die in eine deutlich spätere Zeit weist als sie für die Situation
und Funktionen im Mt vorstellbar ist (Did 15,1f.). Auch deshalb liegt es nahe, Mt in die beiden letzten Dezennien des
1. Jh.s zu datieren. Luz favorisiert den Anfang der 80er Jahre,
Schenke/Fischer und Schnelle die Zeit »um 90«, Vielhauer die
Zeit zwischen 90 und 95. Das Mt gehört somit zeitlich zum
Schrifttum der dritten christlichen Generation.

Abfassungsort

Der Abfassungsort muss aus den wenigen Indizien, die Mt
selbst liefert, erschlossen werden. »Konsens ist: Matthäus
stammt aus dem syrischen Raum. Umstritten ist dessen ge-
nauere Bestimmung« (Luz 73). Für Syrien spricht: 1. die Erwähnung Syriens (4,24), 2. die christliche Selbstbezeichnung
Nazoraios (2,23), 3. der nachhaltige Einfluss von Q und ihrer
Trägerschaft auf Mt, 4. die Wirkungsgeschichte des Mt innerhalb des syrischen Judenchristentums. Hinzu kommt die
Überlegung, dass nach 70 ein gesetzestreues und gräkophones
Christentum, das sich zudem in der Auseinandersetzung mit
dem sich nach 70 formierenden rabbinischen Judentum sowie
in Abgrenzung zu Christen ohne Bindung an das Gesetz be-
fand, anderswo noch weniger plausibel ist.

Diese doppelte Front rät dazu, die Abfassung (und die mt
Gemeinde) in urbanen Verhältnissen anzusiedeln. Im grie-

chischsprachigen Syrien kommt hierfür Antiochia am Orontes
in Frage. Die syrische Metropole war in der römischen Kaiser-
zeit die drittgrößte Stadt im Imperium Romanum. Sie beher-
bergte mehrere jüdische Viertel und wahrscheinlich auch etliche
Hauskirchen, die auf christliche Gemeinden unterschiedlicher
Prägung weisen könnten. Die schiere Größe und die bekannte
Liberalität Antiochias könnten zudem erklären, weshalb Mt
keine Kenntnis von paulinischer Theologie zeigt – es sei denn,
die mt Warnung vor Pseudopropheten bezieht sich auf Christen, die das paulinische Ev der Gesetzesfreiheit in einer Weise
lebten, die der Gemeinde des Mt nicht nur verwehrt, die com-
munio zu halten, sondern sich durch diese heidenchristliche
Propaganda auch in ihrem Bindungswillen an die jüdische Tradition bedrängt sah. Die damit ins Visier genommenen Beziehungen zwischen den ältesten Gemeinden – nicht nur der Synoptiker – bedürfen weiterer Erforschung.

Als alternative Entstehungsorte für das Mt sind Damaskus, Sidon, Tyrus und das syrische Binnenland vorgeschlagen
worden. Die ersten drei Möglichkeiten suggerieren eine geographische Nähe zu den Trägerkreisen von Q (vgl. C. 3.2), letztere Möglichkeit bringt das Mt geographisch und soziologisch
näher an den Gemeindeverband der Didache heran.

Verfasser

Die Namensänderung von Levi (Mk 2,14) zu Matthäus (Mt 9,9)
in der Berufungsgeschichte sowie der Namenszusatz »der Zöllner« (Mt 10,3) bei der Wahl der Zwölf, der an die Situierung der
Berufungsgeschichte erinnert, sind Hinweise, dass der Matthäus
des Zwölferkreises für die Gemeinden des Mt eine besondere Bedeutung besaß. Dies mag auch die Autorisierung des ursprünglich anonymen Evangeliums mit dem Namen des Herrenjüngers
befördert haben. Für die Verfasserschaftsfrage ist diese Personal-
tradition jedoch wertlos, weil das Mt nicht durch einen Augen-
und Ohrenzeugen verfasst worden sein kann (vgl. B. 4.0).

Aus den Logien Mt 13,52 und 23,34 schließt man, dass der Verfasser in den Gemeinden als Lehrer wirkte. Sowohl für eine juden- wie auch für eine heidenchristliche Herkunft lassen sich Indizien benennen (vgl. Schenke/Fischer 113–116; Schnelle 236f.). Von dieser Entscheidung bleibt die Einordnung der Gemeinde in die Frühchristentumsgeschichte nicht unberührt. Die Alternative verliert allerdings an Aussagekraft, wenn man den Verfasser als Angehörigen der dritten christlichen Generation sieht. Mitte der 80er Jahre hatte sich auch das hellenistische Judenchristentum der Heidenmission geöffnet und war auf Distanz zu dem sich ebenfalls in der Diaspora konsolidierenden, pharisäisch geleiteten rabbinischen Judentum und der Synagoge getreten. Daran ändert wenig, dass die Gemeinde des Mt zu dieser Zeit wohl noch den Sabbat hielt (24,20); das geschah noch Anfang des 2. Jh.s in den Gemeinden der Didache. Entscheidend ist, dass die Beschneidung kein Thema mehr war und die Ritualvorschriften sowie die pharisäische Kasuistik annulliert waren. Daran wird deutlich, dass für Mt und seine Gemeinden die heilsökonomische Annullierung Israels feststand. Darum kann im Mt die Schrift als ein christliches Buch begriffen werden. Entsprechend bedeutsam sind Schriftgelehrsamkeit, insbesondere die christologische, ekklesiologische und eschatologische Deutung der prophetischen Verheißung, sowie das Festhalten am Gesetz, und zwar unter dem Aspekt seiner Interpretation im Sinne der höheren Gerechtigkeit, die durch das von Jesus eröffnete neue Gottesverhältnis bestimmt ist und in die Jesus die Jüngerschaft eingewiesen hat.

Der Verfasser des Mt ist mit großer Wahrscheinlichkeit Vertreter eines hellenistischen Judenchristentums, das seine jüdische Tradition unter direktem Anschluss an die Weisung Jesu bewahren will und sich hierbei sowohl von enthusiastisch-libertinistischen Tendenzen im Christentum als auch von jüdischem Partikularismus distanziert. Darum ist auch der Weg des später als Ebioniten häresiologisch stigmatisierten Judenchristentums nicht jener der mt Gemeinde(n). Die Hochschätzung der Schrift für Glaube und Leben der Gemeinde einerseits und die scharfe Polemik gegen die Pharisäer und Schriftgelehrten andererseits legen es nahe, »in diesem judenchristlichen Verfasser einen ehemaligen, aber nun längst Christ gewordenen, jüdischen Schriftgelehrten zu sehen« (Schenke/Fischer 113).

2.0 Evangelium nach Lukas

Broer 126–149; Klein 15–82; Schenke/Fischer 124–136; Schnelle 254–273; Schürmann (1968); Vielhauer 355–365.

Lk bildet zusammen mit der Apg ein einziges, zweiteiliges Werk, das sogenannte lk Doppelwerk. Im Zuge der kirchlichen Anerkennung und Anordnung christlicher Schriften in Corpora wurde das lk Doppelwerk an der Nahtstelle zwischen der Jesusgeschichte und der Geschichte der kirchlichen Anfänge geteilt. Die Vorrede zur Apg versucht, den Bruch zu kaschieren. Hierzu greift sie auf die Widmung im Prolog des Lk sowie die Himmelfahrtsgeschichte zurück, schafft dadurch aber auch eine Reihe von inhaltlichen und formalen Spannungen. Aufgrund der konzeptionellen Zusammengehörigkeit von Lk und Apg muss für die Profilierung des »ersten Buches« (Apg 1,1a) immer auch auf das ›zweite Buch‹ geblickt werden.

2.1 Literarische Aspekte

Lk hält am Aufriss des Mk fest. Von Mk und Mt – aber auch von apokryphen Evangelien (Klauck 1999) – unterscheidet sich Lk durch seinen *Prolog* (1,1–4). Darin nennt der Verfasser seine theologische Intention, er lässt seine literarischen Ambitionen durchscheinen und gibt zu erkennen, dass er aus der

Bewusstseinslage der nachapostolischen Generation schreibt (Schürmann 251–271). Sie sieht in der garantierten Tradition die Grundlage ihrer Identität und ist darum bestrebt, Glaube und Glaubenspraxis durch einen nahtlosen Anschluss an die Anfänge als authentisch auszuweisen. Dieses Bedürfnis greift Lk mit der Betonung sorgfältiger Recherche und Verlässlichkeit der Quellen auf (1,2), und ihm entspricht auch die Zweckbestimmung des Werkes, nämlich der Gemeinde die Solidität ihrer Glaubenstradition zu versichern (1,4). Das probate Mittel hierzu sieht Lk darin, jene durch zuverlässige Überlieferung als historisch verbürgte Wirksamkeit Jesu – und der kirchlichen Anfänge (Apg) – in der richtigen *Ordnung* (kathexês) und zugleich in literarisch ansprechender Weise darzustellen (1,3). Diesen Anspruch präzisiert er zu Beginn seines Werkes formal und inhaltlich; es ist »eine *Erzählung* (dihêgesis) von den unter uns gesehenen Ereignissen« (1,1). Dem Vorwort zufolge kennzeichnet die Funktionsverbindung von historischem und literarischem Anspruch einerseits und theologischem Skopos andererseits die lk Komposition. Wie in ›historischen Monographien‹ greifen im lk Doppelwerk »Historisierung und damit verbunden Biographisierung der Überlieferung sowie rhetorische Gestaltung« (Schnelle 265) ineinander und ermöglichen im ›ersten Buch‹ (Apg 1,1a), »umfassend die Wirksamkeit Jesu in ihren einzelnen Epochen darzustellen« (Schnelle 265).

Lk scheint sich hierbei bewusst, dass sein Unternehmen Vorläufer hat und dass er ganz auf Jesustraditionen angewiesen ist, deren Zuverlässigkeit nicht durch Augen- und Ohrenzeugen garantiert ist, sondern dass er auf »Diener des Wortes« vertrauen muss. Im Unterschied zu Mt nennt Lk offen sein Ziel, mit seinen Quellen eine für seine Empfänger sowohl aufschlussreiche als auch das (freilich nicht genannte) Mk inhaltlich und ästhetisch überbietende Gesamtdarstellung der Wirksamkeit Jesu zu schaffen und damit Defizite bisheriger

Darstellungen zu beheben. Im Zusammenhang des Bestrebens zur *Verbesserung* und *Vervollständigung* gegenüber der Mk-Vorlage ist wichtig, dass das Werk entsprechend den literarischen Vorgaben für historische Monographien eine formgemäße Widmung trägt (1,3b). Aufgrund dieser Dedikation und der in ihr genannten Personalnotizen ist der angesprochene Theophilos als hellenistischer Christ zu denken. Er repräsentiert freilich zugleich die lk Gemeinde bzw. die Öffentlichkeit.

Weil sich dem Prolog zufolge die Qualität des dedizierten Werkes nicht allein nach der Zuverlässigkeit der Quellen bemisst, sondern auch die Art ihrer Darstellung (1,3c) entscheidend ist, bedeutet dies, dass das kompositorische Verfahren selbst einen theologischen Zweck (1,4) hat. Die Hochschätzung der ›guten Form‹ nicht nur zur Steigerung der Attraktivität, sondern als Siegel für die Güte des Inhalts zeigt, dass Lk für Christen schreibt, die in der griechisch-römischen Bildungskultur beheimatet sind. Gebildeten Christen will Lk »Wissen in Form von Erzählung« (Klein 43) weitergeben.

Entsprechend antiken Erwartungen an eine gute historisierende, biographisch angelegte literarische Erzählung gibt Lk seiner Darstellung des öffentlichen Wirkens Jesu eine luzide chronologische und geographische Struktur. Im Vergleich mit der *Gliederung* des Mt fällt sofort auf, dass die lk Darstellung der öffentlichen Wirksamkeit Jesu den mk Aufriss nicht als bloße Substruktion einer themenorientierten Neukomposition bewahrt. Lk schafft vielmehr in enger Orientierung am mk Erzählfaden eine Komposition von etwa gleich großen, in die geographischen Räume – Galiläa, Reise, Jerusalem – dreigeteilten Abschnitten. Dem Dreierkorpus stellt er den Prolog (1,1–4) und eine Vorgeschichte (1,5–4,44) voran, die sich aus Kindheitsgeschichte (1,5–2,52; vgl. Schürmann 198–208) und Episoden über die unmittelbare Vorbereitung des öffentlichen Wirkens Jesu zusammensetzt.

Die Vorgeschichte ist ein kunstvolles Erzählgewebe aus Analogien zwischen dem Täufer und Jesus, das Lk mit Material aus Q (z. B. 4,1–13), aus seinem Sondergut (z. B. 1,5–2,52) sowie mit wenigen Perikopen aus Mk (z. B. 4,31–44 par Mk 1,23–38) in der theologischen Absicht komponiert, den Vorrang Jesu Christi gegenüber dem Täufer aufzuzeigen. Zugleich ist Lk vor allem in der Kindheitsgeschichte darauf bedacht, die biographische Lücke zwischen Jesu Geburt und seinem öffentlichen Auftreten zu glätten.

Dieser historiographischen Absicht dienen zum einen der aus dem Sondergut eingefügte, am Tempel lokalisierte Erzählblock über die Proklamation Jesu als Retter und Erlöser des Gottesvolkes durch die greisen Propheten Simeon und Hanna (2,22–40) sowie das durch biographische Summarien (2,41.52) gerahmte Apophthegma über den zwölfjährigen Jesus inmitten von Lehrern im Tempel (2,42–51). Zum anderen dient dieser historisierenden Absicht die formgemäße Einordnung der Gestalt des historischen Jesus (3,23a) in den für die lk Gemeinde bestimmenden weltgeschichtlichen Bezugsrahmen der römischen Chronologie (2,1f.; 3,1; vgl. Apg 26,26) und der an ihr orientierten frühjüdischen Zeitfolge (1,5; 3,2a.19a).

Weil zum einen 3,1f. den Eindruck eines Buchanfangs macht und der Stammbaum erst am Ende von Lk 3 steht, sowie zum anderen nach diesem Auftakt die lk Christologie nicht mehr auf die Geburtsgeschichte rekurriert und zudem die Ankündigung der Besonderheit der Geburt Jesu in der Geburtsgeschichte selbst nicht aufgenommen ist, wird erwogen, dass die ersten beiden Kapitel in Etappen entstanden sind und erst später en bloc als Kindheitsgeschichte dem Werk vorausgestellt bzw. zwischen den Prolog (1,1–4) und die Vorbereitung des Wirkens Jesu (3,1–4,44) eingefügt wurden. – Die folgende Grobgliederung orientiert sich an Klein.

Die *Verbesserungen* des Lk gegenüber Mk zeigen sich zuerst in der Sprache. Von den rund 2000 Vokabeln im Lk kommt fast die Hälfte innerhalb des Ev nur einmal vor (lk Hapaxlegomena), worunter wiederum äußerst seltene Wörter zahlreich vertreten sind. Lk ist durchgängig um gehobene Sprache bemüht, die den literarischen Ansprüchen Gebildeter genügen will. Der Prolog ist in dieser Hinsicht geradezu ein ›Notenschlüssel‹ für das Doppelwerk. Lk versteht es rhetorisch geschickt, Personen

und Sachverhalte durch die Diktion und durch (kultur-
geschichtliche) Anspielungen zu profilieren. Dies zeigt sich
z. B. in den Reden der Apg (vgl. Apg 17,16–34), in der Bewah-
rung und Imitation des Stils der LXX (vgl. 1,46–55. 68–79)
sowie in der Situierung des Wirkens Jesu in signifikante kulturelle Kontexte wie z. B. die symposiale Szenerie (5,27–32;
7,36–50; 11,39–41; 14,1–6.7–14.15–24; 22,24–30). Lk ist bestrebt, Stil und Struktur seiner Quellen den Usancen der Literatursprache und der historisierenden, biographischen Darstellung anzupassen. Hierzu gehört, dass z. B. die in den
Quellen enthaltene direkte Rede in die Form des Berichts
transferiert wird. Entsprechend fehlt das praesens historicum
fast vollständig. Es galt als volkssprachlicher Stil, wurde aber
dennoch in der antiken Histographie in Maßen zur Vergegen-
wärtigung und Verlebendigung vergangenen Geschehens eingesetzt (vgl. D. 1.1 »Sprache und Stil«); von den 92 Mk-Stellen
mit diesem erzählenden Tempus ist im dritten Ev nur der Bericht Lk 8,49 (par Mk 5,35) bewahrt. Die Übersetzung bzw.
Tilgung semitischer Termini hat dieselben Gründe. Auch der
Modigebrauch erklärt sich durch die Ambition, für Gebildete
eine gegenüber den Quellen und den Vorgängerwerken literarisch verbesserte Erzählung der Wirksamkeit Jesu zu schaffen.
So verwendet Lk den Optativ, der in der ntl. Literatur wie in
der Koine allgemein stark zurücktritt, nach klassischem Vorbild, um z. B. Personen als gebildet zu charakterisieren (vgl.
Lk 1,29; 8,9; 18,36; 22,23; Apg 17,27; 25,16; 26,29).

Durch die genannten sprachlichen Verbesserungen, durch
die stilistisch geschicktere Verknüpfung von Perikopen, indem
ein direkter zeitlicher (z. B. 5,33; 10,21; 20,41) oder durch Situationsangaben sachlicher (z. B. 3,15; 4,1.30f.; 9,51) Zusammenhang hergestellt wird, ferner durch die Ausarbeitung von
Notizen zu programmatischen Szenen (Mk 6,1–6a par Lk
4,16–30) oder durch Raffung des Stoffes (Mk 6,14–29 par Lk
3,19f.; Mk 9,14–29 par Lk 9,37–43) sowie durch Umstellungen

(Mk 3,7–12.13–19 par Lk 6,12–16.17–20a; Mk 14,53–15,1 par Lk 22,54–23,1) des Mk-Stoffes versucht Lk, eine plausible und historisch konsistente Erzählung zu schaffen, die durch Material aus Q und lk-S ein vervollständigtes Bild der Wirksamkeit Jesu vermitteln will. Alle schriftstellerischen Maßnahmen sind geleitet von dem Interesse an einer historisch fortlaufenden und verknüpften Erzählung und deren theologischer Zielsetzung. Dazu sechs Beispiele:

1. Die Zeit des öffentlichen Wirkens Jesu fasst Lk als geistgewirkte Einheit auf. Lk hebt diese Phase seiner Erzählung heraus, indem er am Ende der Versuchungserzählung, unmittelbar vor dem ersten öffentlichen Auftreten Jesu, das Ablassen des Diabolos von Jesus befristet (4,13c). Dadurch stattet Lk die folgende Erzählung mit der gespannten Erwartung eines neuerlichen Auftretens des großen Antagonisten aus. Diese Spannung löst Lk am Beginn der Passionsgeschichte, indem er das Handeln des Judas als Werk des Diabolos deutet (22,3). Die Vita Jesu greift also über diese eminente Phase hinaus. Entsprechend bildet die Passionsgeschichte theologisch die Überleitung in die Zeit der Kirche.

2. Die Novelle über das Ende des Täufers in Mk 6,14–29 wird von Lk durch einen konzisen Vermerk über die Inhaftierung des Johannes (Lk 3,19f. par Mk 6,17), aus der er nicht mehr frei kommt (vgl. Mk 6,14–16 par Lk 9,7–9), ersetzt und vor den Bericht über die Taufe Jesu (Lk 3,21f.) transferiert (3,19f.). Dadurch erreicht Lk dreierlei: *Erstens* ist das Ende des öffentlichen Auftretens des Täufers in die Ereignisfolge »richtig« eingeordnet. Mittels dieser biographischen Notiz gelingt es Lk, die schon in der Kindheitsgeschichte aufgezeigte Vorzüglichkeit Jesu Christi gegenüber Johannes als theologische Zäsur zwischen der »Zeit des Täufers« und der »Zeit Jesu« historisierend zu markieren. Wegen der Gefangensetzung des Täufers geschieht *zweitens* die Taufe Jesu nun aber ohne (persönliches) Zutun des Johannes (Lk 3,21f. par Mk 1,9–11). Da-

durch wird Jesu Unabhängigkeit vom Täufer – und damit auch die der lk Gemeinde gegenüber dem Täuferkreis und jüdischen Umkehrbewegungen – herausgestellt und zugleich die in den parallelisierten Geburtsgeschichten avisierte Vorzüglichkeit Jesu gegenüber Johannes bestätigt. Dieses Überbietungsmotiv wirkt in dem aus Q eingefügten Täuferpassus (Lk 7,18–35 par Mt 11,2–19) nach. Dass Herodes, als er sich an den hingerichteten Täufer erinnert, die Dominanz Jesu nicht realisiert (Mk 6,14–16 par Lk 9,7–9) und somit die Gestalt und die Botschaft Jesu missversteht, ist zudem eine pejorative Charakterisierung der hellenisierten jüdischen Eliten, die durch den König repräsentiert sind.

3. Die Verbesserung gegenüber der Mk-Vorlage lässt sich weiterhin am Beispiel der Ablehnung Jesu in Nazaret (Mk 6,1–6a) beobachten. Erstens transferiert Lk das biographische Apophthegma, das bei Mk zwischen dem galiläischen Wundergeschichtenzyklus (Mk 4,35–5,43; 6,14–16) und der Aussendungsrede (Mk 6,6b–13) steht, in die Vorgeschichte des öffentlichen Wirkens Jesu und komponiert daraus zweitens mit Stoff des lk-S eine programmatische Ansprache Jesu in der Synagoge von Nazaret (4,16–30). Darauf folgen unmittelbar die aus Mk übernommenen Berichte über Wunder in Kafarnaum; erst danach in Lk 5,1–11, folgt die Erzählung über die Erstberufung, die sich bei Mk unmittelbar an die Taufe und die Versuchung Jesu anschließt. Durch die Verbindung von Mk 1,16–20 und Mk 4,1f. stilisiert Lk die Szene zu einer exklusiven Petrusberufung. Da aufgrund dieser Umstellung der Berufung des ersten Jüngers, Petrus, die Therapien in und um Kafarnaum vorausgehen, geschieht im Lk die Berufung nicht unvorbereitet und die Jesusnachfolge des Petrus wirkt als Kulmination einer schrittweisen Hinwendung. Mit der Berufungserzählung (Lk 5,1–11) setzt bei Lk die öffentliche Wirksamkeit in Galiläa ein. Von 5,12–6,11 an folgt Lk wieder treu seiner Mk-Vorlage.

4. Lk stellt die Abfolge des aus Mk übernommenen Sammelberichts über Therapien Jesu (Mk 3,7–12 par Lk 6,17–20a) und über die Wahl der »Zwölf Apostel« (Mk 3,13–19 par Lk 6,12–16) um. Dadurch ist die Feldrede (6,20b–49) mehr als nur eine exklusive Jüngerbelehrung (6,20a), sondern dient als programmatische Rede vor jener größeren Öffentlichkeit, die das Summar im Blick hat (Lk 6,17b.19).

5. Lk historisiert, indem er Traditionsstücke, die in seiner Mk-Vorlage oder in Q weder lokal noch zeitlich fixiert sind, in einen konkreten Zusammenhang der Jesusgeschichte situiert. Außer in der Vorgeschichte geschieht diese »Biographisierung des Stoffes« (Vielhauer 372) z. B. bei der Predigt des Johannes (3,7–18), die Lk religionsgeschichtlich in das Aufblühen der auch an Jesus gerichteten Messiaserwartung einordnet (3,15f.), sowie bei der aus Q rezipierten Täuferanfrage (7,18–23), die er in das Umfeld von Machttaten Jesu stellt (7,21).

6. Zu den stilistischen Verbesserungen sind auch die *kleineren* Auslassungen von Mk-Stoff zu rechnen. Zu diesen Tilgungen gehören erstens spezifisch jüdische Fragestellungen im Mk (Mk 5,32 par Mt 5,32; 19,3–9; Mk 10,1–12 par Mt 19,3–12); sie besitzen offenbar für seine Gemeinde nur wenig Relevanz. Die soziokulturelle Situation der Gemeinde mag zusammen mit dem Bestreben zu erzählerischen Verbesserungen dazu beigetragen haben, Details wegzulassen, die für die Gemeinde theologisch wenig aufschlussreich (z. B. fehlen die Schriftgelehrten in Lk 4,32b) oder verzichtbar schienen, sodass er insgesamt die Erzählung entschlacken und stringenter gestalten konnte (z. B. werden in Lk 4,38 die Begleiter Jesu bei der Therapie nicht erwähnt). Drittens übergeht Lk Abschnitte seiner Mk-Vorlage, die durch Material aus Q oder lk-S bereits Berücksichtigung gefunden haben. In seinem Streben nach einer kunstvollen Erzählung will Lk offensichtlich Dopplungen vermeiden (Schürmann 272–278. 279–289). Hierzu rechnet er anscheinend auch die Speisung der 4000 (Mk 8,1–10).

Selbstverständlich wird dadurch die Entscheidung, ob ein Textstück aus Q oder lk-S stammt, erschwert.

Dieser literarischen Ambition scheint zu widersprechen, dass Lk zwei Aussendungsreden (9,1–6; aus Q 10,1–12) und zwei sog. Pharisäerreden (aus Q 11,37–54; 20,45–47) enthält. Doch wird hierin nur deutlich, dass Lk trotz aller Verbesserungen gegenüber der Mk-Vorlage seinen Quellen verpflichtet bleibt. Zugleich wird deutlich, wie Lk mit ihnen kompositorisch verfährt. Während Mt z. B. die aus Mk bezogene Aussendung der Zwölf mit der in Q überlieferten Aussendungsrede verschmolzen hat, verwendet Lk diese Dualität gemäß seiner historisierenden, theologischen Intention dazu, die mit der Bezeichnung »Zwölf« konnotierte Mission in Israel in den Blick zu nehmen und berücksichtigt mit den anonymen 70 Jüngern auch die auf die Heiden gerichtete Mission, wie sie von der lk Gemeinde praktiziert wurde.

Die *lk Kompositionsweise* und die *Vervollständigung* der Erzählung von Jesu Leben und Wirken sind wechselseitig aufeinander bezogen. Das kündigt sich bereits in der Vorgeschichte (1,5–4,44) an. Die Kindheitsgeschichte gestaltet Lk mit Material aus seinem Sondergut. Anschließend schwenkt Lk auf den mk Erzählfaden ein. Das Auftreten des Täufers (Mk 1,2–6 par Lk 3,1–6), seine Ankündigung des Messias (Mk 1,7f. par Lk 3,15–18) und die Taufe Jesu (Mk 1,9–11 par Lk 3,21f.) bilden das Gerüst, in das er aus Q und lk-S zwei Reden des Täufers (3,10–14. 15–18), den Stammbaum (3,23–38) und die Versuchungsgeschichte (4,1–13) einbaut. Ab der Personalnotiz über »Jesu erstes Auftreten« (Mk 1,14f. par Lk 4,14f.) in Nazaret und Kafarnaum bis zum Summar über Therapien (Mk 3,13–19 par Lk 6,17–19) folgt Lk durchgehend seiner Mk-Vorlage. In diesem langen Abschnitt (4,14–6,19), den Lk am Stück aus Mk übernimmt und in dem Erzählungen über Machttaten Jesu dominieren, weicht Lk nur an drei Stellen von Mk ab:

1. Lk stellt den Bericht über die Ablehnung der Predigt Jesu durch die Bewohner von Nazaret (Mk 6,1–6a) an den Anfang des ersten Auftretens Jesu und entfaltet diese Erzählung vor allem mit Redestoff aus seinem Sondergut zur sog. Antrittspredigt Jesu. 2. Lk modifiziert den Berufungsbericht (Mk 1,16–20) zur exklusiven Petrusberufung und transferiert diese an den Anfang des öffentlichen Wirkens Jesu, unmittelbar nach dem Summar über die Reisetätigkeit Jesu in Galiläa (Mk 1,39 par Lk 4,44). Dieser demonstrative Akt markiert nun den Beginn des öffentlichen Wirkens Jesu, wofür Lk wiederum en bloc Mk-Stoff übernimmt (Mk 5,12–6,11). 3. Lk ordnet das Summar über Heilungen am See (Mk 3,7–12) hinter die Wahl der »Zwölf Apostel« an, sodass die anschließende, den Jüngern geltende Feldrede im Kontext einer größeren Öffentlichkeit geschieht.

Durch die drei Umstellungen gliedert sich der aus Mk übernommene Textblock in zwei Erzählzyklen, die durch Reden Jesu (4,16–30: 5,1–11) eröffnet und durch Sammelberichte (4,44; 6,17–19) abgeschlossen sind. Mit dem zweiten Erzählblock beginnt der erste Hauptteil des Ev, »Jesu Wirken in Galiläa« (5,1–9,50). Alle Änderungen in diesem Anfangsabschnitt gegenüber der Mk-Vorlage dienen wiederum der erzählerischen Verbesserung.

Nach diesem Mk-Block (Mk 1,14–3,19 par Lk 4,14–6,19) schafft Lk eine eigene Komposition aus Q und seinem Sondergut. Auf die sogenannte »kleine lk Einschaltung« (Lk 6,20–8,3), bestehend aus »Feldrede« (6,20b–49) und sechs Perikopen, folgen en bloc fünf Perikopen aus Mk 3 und 4. Allerdings transferiert Lk das Lehrgespräch über »die wahren Verwandten Jesu« (Mk 3,31–35) hinter den eschatologischen Weckruf (Mk 4,21–25 par Lk 8,19–21) und damit hinter die Schlüsseltexte der mk Gleichnistheorie. Dadurch erscheinen nun »seine Jünger« (8,9), denen Jesus die Allegorie von den viererlei Äckern (Mk 4,1–9 pr 8,4–8) und deren Deutung mitteilt, als die wahren Verwandten Jesu. Ihr lebensprägendes Bekenntnis schafft dem Logion zufolge, das die Nähe und Bindung zwischen Jesus und seinen Jüngern mit der Beständigkeit leiblicher Verwandtschaft vergleicht, eine Zugehörigkeit zu Jesus, die jede verwandtschaftliche Beziehung überbietet.

Dieses für die lk Gemeinde wichtige Kriterium der wahren Jüngerschaft mag bewirkt haben, dass Lk drei Perikopen, die dem mk Gleichniszyklus vorausgehen (Mk 3,20–30), auslässt (vgl. B. 4.4 »Das Eigengut des Mk«) bzw. in anderem Zusammenhang wiedergibt. Weil für Lk der Skopos des aus Mk übernommenen Gleichnisblockes in der Jüngerthematik liegt, hat es sich verboten, die beiden Gleichnisse, die bei Mk folgen (4,26–32), sowie die Schlussnotiz über die Gleichnisreden (4,33f.) zu übernehmen. Lk fügt stattdessen an den Gleichnisblock drei mk Wundererzählungen an (Mk 4,35–43 par Lk 8,22–56), die die Jüngerthematik unter dem Aspekt Glaube und Rettung beleuchten.

Mit 9,1 wendet sich Lk dem Wirken der Jünger direkt zu. Das Material für diesen dritten Abschnitt seines ersten Hauptteils übernimmt Lk aus Mk 4,35–44 und Mk 8,27–41. Von den neun Perikopen (Mk 6,45–8,26), die bei Mk zwischen den beiden von Lk rezipierten mk Blöcken stehen, finden sich bei Lk nur wenige Anklänge. Lk hat diesen Abschnitt offenbar gekannt (Schürmann 525–527) und gezielt ausgelassen. Als Gründe für diese »große Auslassung« gegenüber Mk kommen die bereits mehrfach genannten literarischen Ambitionen in Frage (Belege bei Schürmann 526f.).

Lk setzt seinen Anspruch auf literarische Verbesserung und auf Vervollständigung also dadurch um, dass er das Material *blockartig aneinander* fügt und den am mk Aufriss orientierten Erzählduktus durch Modifikationen innerhalb dieser Blöcke – Verknüpfungen, Ausarbeitungen programmatischer Szenen, Raffung des Stoffes und Umstellungen – stringenter macht.

Das kompositorische Verfahren bestätigt sich in den bei-

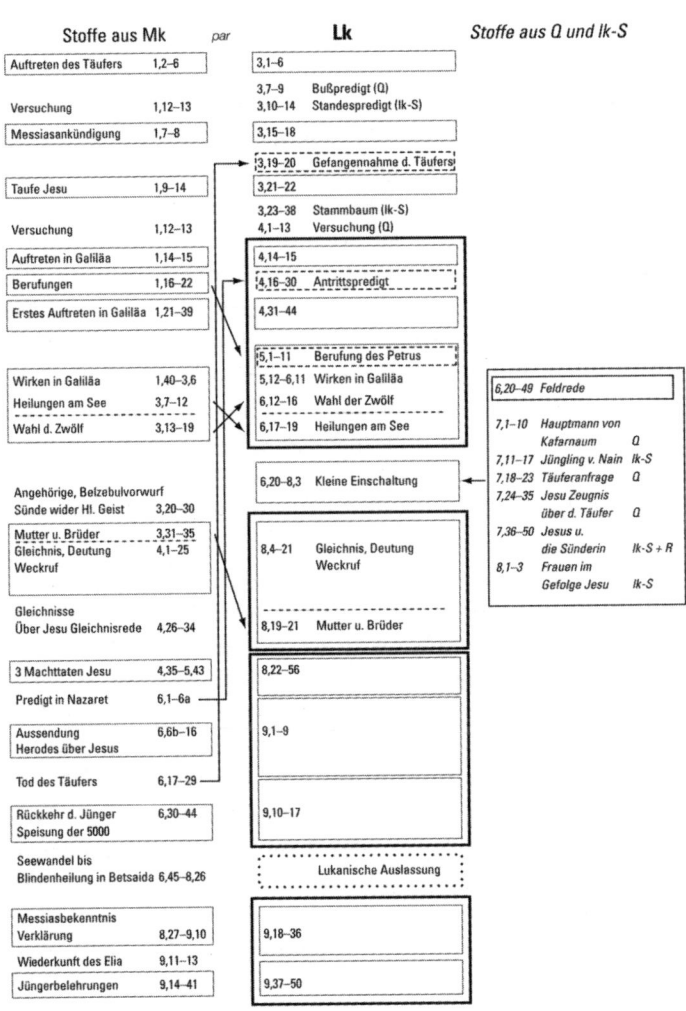

Stoffe aus Mk   par   **Lk**   *Stoffe aus Q und lk-S*

Auftreten des Täufers	1,2–6

3,1–6

3,7–9   Bußpredigt (Q)
3,10–14   Standespredigt (lk-S)

Versuchung	1,12–13
Messiasankündigung	1,7–8

3,15–18

3,19–20   Gefangennahme d. Täufers

Taufe Jesu	1,9–14

3,21–22

3,23–38   Stammbaum (lk-S)
4,1–13   Versuchung (Q)

Versuchung	1,12–13
Auftreten in Galiläa	1,14–15
Berufungen	1,16–22
Erstes Auftreten in Galiläa	1,21–39

4,14–15

4,16–30   Antrittspredigt

4,31–44

5,1–11   Berufung des Petrus

Wirken in Galiläa	1,40–3,6
Heilungen am See	3,7–12
Wahl d. Zwölf	3,13–19

5,12–6,11   Wirken in Galiläa
6,12–16   Wahl der Zwölf
6,17–19   Heilungen am See

6,20–49 Feldrede

7,1–10   Hauptmann von
Kafarnaum   Q
7,11–17   Jüngling v. Nain   lk-S
7,18–23   Täuferanfrage   Q
7,24–35   Jesu Zeugnis
über d. Täufer   Q
7,36–50   Jesus u.
die Sünderin   lk-S + R
8,1–3   Frauen im
Gefolge Jesu   lk-S

Angehörige, Belzebulvorwurf
Sünde wider Hl. Geist   3,20–30

6,20–8,3   Kleine Einschaltung

Mutter u. Brüder	3,31–35
Gleichnis, Deutung	4,1–25
Weckruf	

8,4–21   Gleichnis, Deutung
Weckruf

Gleichnisse
Über Jesu Gleichnisrede   4,26–34

8,19–21   Mutter u. Brüder

3 Machttaten Jesu	4,35–5,43

8,22–56

Predigt in Nazaret   6,1–6a

Aussendung	6,6b–16
Herodes über Jesus	

9,1–9

Tod des Täufers   6,17–29

Rückkehr d. Jünger	6,30–44
Speisung der 5000	

9,10–17

Seewandel bis
Blindenheilung in Betsaida 6,45–8,26

Lukanische Auslassung

Messiasbekenntnis	
Verklärung	8,27–9,10

9,18–36

Wiederkunft des Elia	9,11–13
Jüngerbelehrungen	9,14–41

9,37–50

den folgenden Hauptteilen – »Jesu Lehre auf dem Weg – Reisebericht« (9,51–19,28) und »Jesu Wirken in Jerusalem, Passion und Aufnahme« (19,29–24,53). Die korrespondierenden Lokalnotizen über die Abreise Jesu nach Judäa (Mk 10,1a) und seine Ankunft mit den Jüngern nahe bei Jerusalem (Mk 11,1) schaffen für Lk die Gelegenheit, en bloc Material aus seinen eigenen Quellen – Q und Sondergut, das auch mündliches Material beinhaltet hat (Bovon 22) – in den mk Rahmen einzubauen. Diese »große Einschaltung« macht den Eindruck, Lk vervollständige die Jesusgeschichte um Teile, die bei Mk fehlen und sich nur in Einzelfällen bei Mt finden, allerdings in völlig anderen Zusammenhängen.

In der »großen lk Einschaltung« (9,51–18,14), die den Hauptteil des »Reiseberichts« (9,51–19,28) bildet, finden sich zehn Textblöcke, die mehrere Perikopen aus Q enthalten, sowie fünf Blöcke mit Material aus dem Sondergut, zwischen denen redaktionelle Stücke oder Perikopen aus der jeweils anderen Quelle (Q oder lk-S) eingefügt sind. Gegen Ende des Reiseberichts bindet Lk vier zusammengehörige Perikopen aus Mk ein; die Tilgung des sog. Rangstreits der Jünger (Mk 10,35–45) erklärt sich aus der theologischen Absicht, die »Zeit Jesu« von vorbildlicher Eintracht geprägt in Erinnerung zu halten, um von dieser »Mitte der Zeit« her die »Zeit der Kirche«, und damit die Gegenwart der lk Gemeinde, als von ihren Anfängen her auf Einheit in Glaube und Glaubenspraxis gründend auszuweisen. – Die folgende Graphik veranschaulicht die Komposition im zweiten Hauptteil des Lk, dem »Reisebericht« mit der »großen lk Einschaltung«, und nennt die thematische Ordnung.

Offenkundig erstrebt auch Lk eine *Vervollständigung* der Darstellung des Wirkens Jesu, verfährt hierbei allerdings signifikant anders als Mt. Lk macht den mk Erzählfaden direkt für seine biographisch orientierte, historisierende Erzählung der Wirksamkeit Jesu fruchtbar:

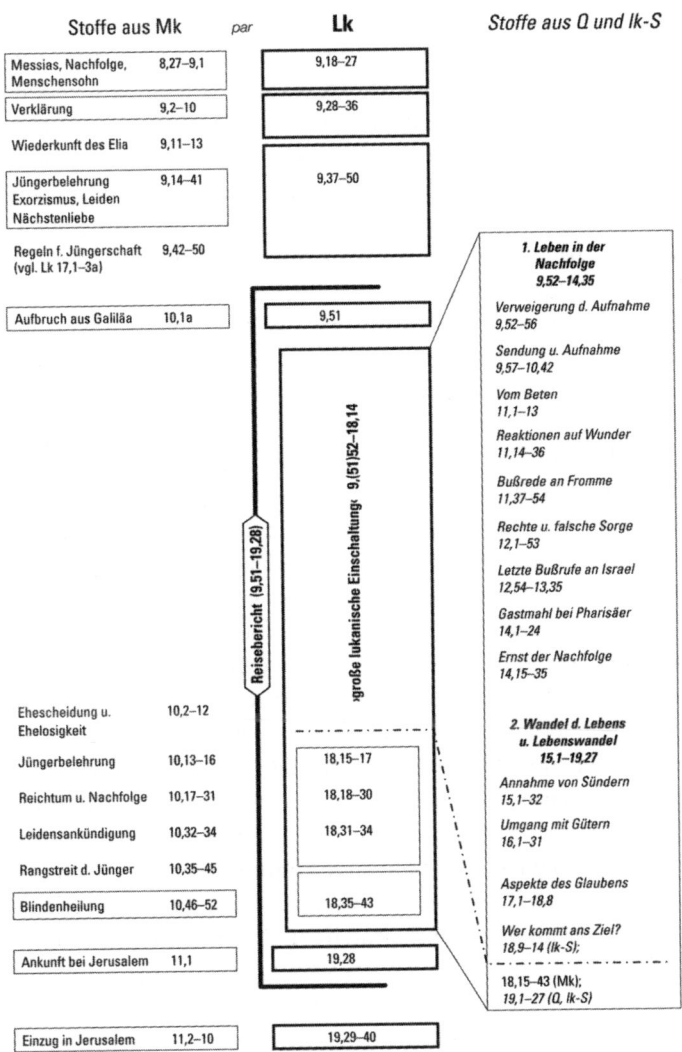

Stoffe aus Mk	par	Lk	Stoffe aus Q und lk-S

Stoffe aus Mk

Messias, Nachfolge, Menschensohn	8,27–9,1
Verklärung	9,2–10
Wiederkunft des Elia	9,11–13
Jüngerbelehrung Exorzismus, Leiden Nächstenliebe	9,14–41
Regeln f. Jüngerschaft (vgl. Lk 17,1–3a)	9,42–50
Aufbruch aus Galiläa	10,1a
Ehescheidung u. Ehelosigkeit	10,2–12
Jüngerbelehrung	10,13–16
Reichtum u. Nachfolge	10,17–31
Leidensankündigung	10,32–34
Rangstreit d. Jünger	10,35–45
Blindenheilung	10,46–52
Ankunft bei Jerusalem	11,1
Einzug in Jerusalem	11,2–10

Lk

9,18–27

9,28–36

9,37–50

9,51

Reisebericht (9,51–19,28)

große lukanische Einschaltung: 9,51[52–18,14

18,15–17

18,18–30

18,31–34

18,35–43

19,28

19,29–40

Stoffe aus Q und lk-S

1. Leben in der Nachfolge 9,52–14,35

Verweigerung d. Aufnahme
9,52–56

Sendung u. Aufnahme
9,57–10,42

Vom Beten
11,1–13

Reaktionen auf Wunder
11,14–36

Bußrede an Fromme
11,37–54

Rechte u. falsche Sorge
12,1–53

Letzte Bußrufe an Israel
12,54–13,35

Gastmahl bei Pharisäer
14,1–24

Ernst der Nachfolge
14,15–35

2. Wandel d. Lebens u. Lebenswandel 15,1–19,27

Annahme von Sündern
15,1–32

Umgang mit Gütern
16,1–31

Aspekte des Glaubens
17,1–18,8

Wer kommt ans Ziel?
18,9–14 (lk-S);

18,15–43 (Mk);
19,1–27 (Q, lk-S)

135

Lk fügt Material aus Q und sein Sondergut wenn möglich in zusammengehörigen Blöcken an Stellen ein, wo sie den Fortgang der Erzählung nicht stören, sondern durch ihre Einbettung in den chronologischen Rahmen der Mk-Vorlage die Historisierung der Jesuserinnerung der lk Gemeinde bewirken.

Abgesehen von der Kindheitsgeschichte (1,5–2,52) und den Ostergeschichten (23,56–24,53) fügt Lk die Stoffe aus Q und seinem Sondergut in den beiden lk Einschaltungen als Blöcke in den Mk-Rahmen ein. Doch Lk verbindet das Material aus Q nicht wie Mt zu großen Redekompositionen – die sog. Feldrede fand Lk in ihrer Grundstruktur wohl schon in Q vor –, sondern schafft für dieses situationslose Spruchmaterial Szenarien, so z. B. für das Vaterunser (11,1–4). Zu den meist knappen Situierungen gehören neben dem Gebet das Gastmahl bei Pharisäern (nur bei Lk), die Synagoge, die Wanderschaft und Reise, die Bitte und die direkte oder berichtete Frage sowie der Andrang des Volkes. Diese Historisierung des Redestoffes aus Q und aus dem Sondergut, die literarisch vorzugsweise in Form des Apophthegmas geschieht, wird oftmals durch Erzählstoff aus dem lk-S unterstützt, den Lk im Kontext einbaut. Dies alles trägt zur Konzentration auf Jesus bei, was sich besonders deutlich im zweiten Hauptteil des Ev beobachten lässt. Er ist beherrscht von der Fiktion der Reise Jesu mit seinen Jüngern von Galiläa nach Jerusalem. Der fiktionale Charakter wird vor allem daran deutlich, dass Lk erstens Jesus über Samarien nach Jerusalem reisen lässt, obgleich die Stationen Jericho und Betanien die Route westlich des Jordans flussabwärts unter Umgehung samaritanischen Gebietes verlangen, und zweitens, dass während der gesamten Reise das kulturelle und personelle Umfeld in Galiläa vorausgesetzt ist (vgl. 11,37; 14,1; 13,10.31–33).

Der »Reisebericht« ist zwar eine wesentliche Änderung gegenüber der Mk-Vorlage, stammt aber dennoch »nach Motiv und Stellung im Aufbau des Evangeliums aus Mk« (Conzelmann/Lindemann 342) und lässt mit dem kompositorischen Verfahren des Lk auch sein schriftstellerisches Geschick erkennen. Ein paar – zumeist redaktionelle – Erinnerungsmarken (10,1b.38a; 13,22.33a; 14,25a; 17,11; 18,31b.35a; 19,1.11a) genügen, damit trotz des fast immer situationslosen Materials, das Lk in seine große Einschaltung übernimmt, nicht nur die Vorstellung einer Jerusalemreise wach bleibt, sondern die mit der Notiz über Jesu Aufbruch aus Galiläa (9,51) aufgebaute erzählerische Spannung steigt, je näher das Reiseziel rückt. Letzteres verstärken u. a. die Erläuterungen zu den Reise- und Lokalnotizen – »ein Prophet darf nirgendwo anders als in Jerusalem umkommen« (13,33b), »dort wird sich alles erfüllen« (18,31c) sowie die Meinung, »das Reich Gottes werde sofort erscheinen« (19,11b). Diese theologischen Erläuterungen, speziell die dritte Leidensweissagung (18,31–34), öffnen den Blick auf die Passion. Die Verweise machen auf den Skopos des Reiseberichts aufmerksam: Es geht um die lk Jüngergemeinde. Sie erhält durch den lk Jesus autoritativ Auskunft über das »Leben in der Nachfolge Jesu« in der »Zeit der Kirche«.

Der dritte Hauptteil, »Jesu Wirken in Jerusalem, Passion und Aufnahme« (19,29–24,53) »zeigt kein wesentlich anderes Bild als bei Mk« (Bultmann 389). Lk hat den legendarischen Bericht des Mk aber mit eigenen Traditionen angefüllt und gemäß seines im Prolog formulierten Ziels, die Vorgänge in richtiger Ordnung und literarisch anspruchsvoll zu erzählen, umgestellt. – Das zeigt folgende Graphik (Seite 138f.).

Die Passionsgeschichten des Mt und des Lk folgen in ihrer Grundstruktur jener des Mk (über die religionsgeschichtliche Herleitung vgl. Dormeyer, Literatur 177–181; über die Historizität vgl. ibid. 182f.; Reinbold). Die Änderungen bei Mt sind überschaubar: Er fügt die Episode über das Ende des Judas ein (Mt 27,3–10) und schließt an die Erzählung vom Begräbnis einen Bericht über die Bestellung von Grabwachen an

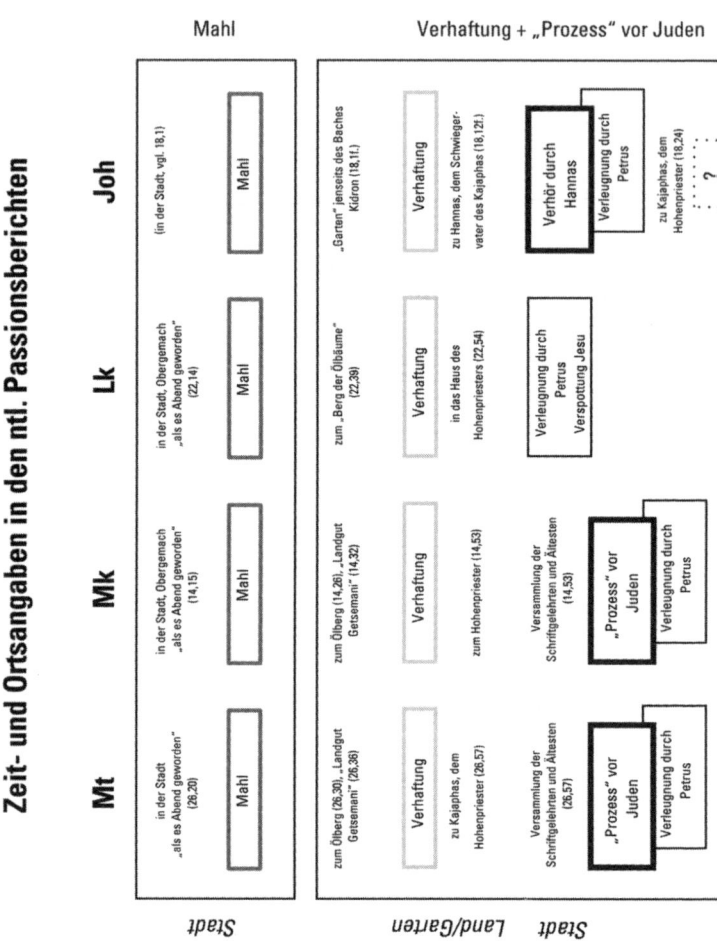

Zeit- und Ortsangaben in den ntl. Passionsberichten

	Mt	Mk	Lk	Joh
Mahl	in der Stadt „als es Abend geworden" (26,20)	in der Stadt, Obergemach „als es Abend geworden" (14,15)	in der Stadt, Obergemach „als es Abend geworden" (22,14)	(in der Stadt, vgl. 18,1)
	Mahl	Mahl	Mahl	Mahl

Verhaftung + „Prozess" vor Juden

Mt	Mk	Lk	Joh
zum „Ölberg (26,30), „Landgut Getsemani" (26,36)	zum „Ölberg (14,26), „Landgut Getsemani" (14,32)	zum „Berg der Ölbäume" (22,39)	„Garten" jenseits des Baches Kidron (18,1)
Verhaftung	Verhaftung	Verhaftung	Verhaftung
zu Kajaphas, dem Hohenpriester (26,57)	zum Hohenpriester (14,53)	in das Haus des Hohenpriesters (22,54)	zu Hannas, dem Schwiegervater des Kajaphas (18,12f.)
Versammlung der Schriftgelehrten und Ältesten (26,57)	Versammlung der Schriftgelehrten und Ältesten (14,53)		Verhör durch Hannas
„Prozess" vor Juden / Verleugnung durch Petrus	„Prozess" vor Juden / Verleugnung durch Petrus	Verleugnung durch Petrus / Verspottung Jesu	Verleugnung durch Petrus
			zu Kajaphas, dem Hohenpriester (18,24)
			?

Stadt — *Land/Garten* *Stadt*

(27,62–66). Alle weiteren Modifikationen sind Ausschmückungen; dazu gehören u. a.: Die Eintragung eines Herrenwortes bei der Gefangennahme Jesu (Mt 26,52f.), die Namensnennung des Hohenpriesters (Mt 26,57), die Warnung der Frau des Pilatus (27,19) sowie die rituelle Entsühnung des Pilatus, die Selbstverfluchung des Volkes (27,24f.), die

Prozess vor Pilatus + Kreuzigung   Begräbnis

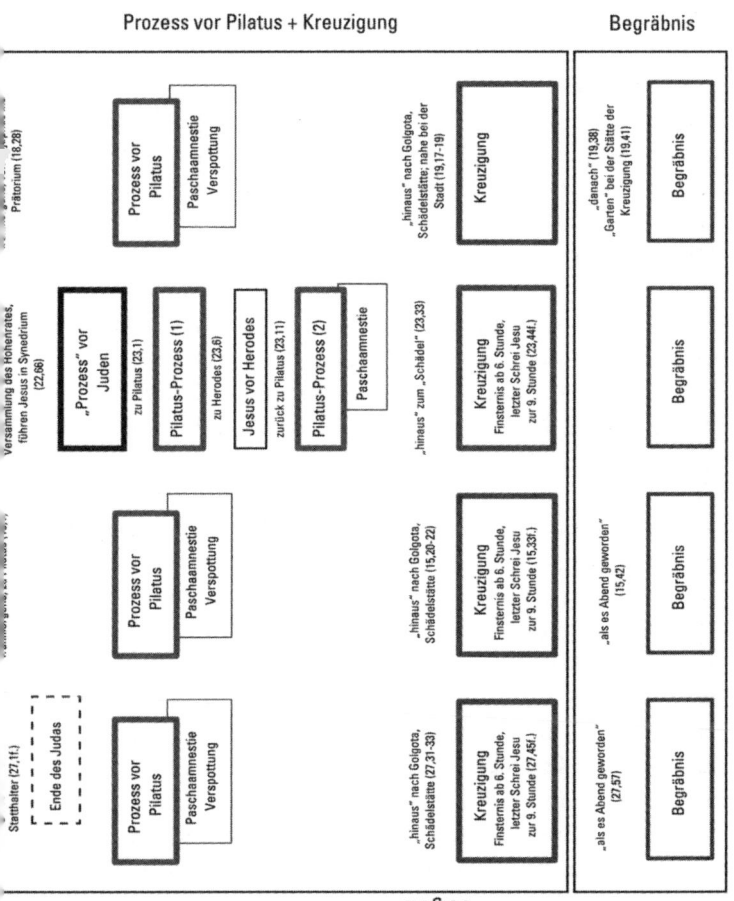

Golgota

Entfaltung der Misshandlung in der Ecce homo Szene (Mt 28,29) sowie das Erdbeben beim Tod Jesu (Mt 27,52). Lk hingegen hebt sich nicht nur in vielen Details, durch zusätzliches Material und Auslassungen (z. B. »Jesu Wort am Kreuz« Lk 23,46; vgl. Mk 15,34 par Mt 27,46) von der mk Passionsgeschichte ab, sondern vor allem durch charakteristische Umstellungen. Lk hat zudem verschiedene Komplexe von Herrenworten eingefügt (22,24–30. 35–38), wodurch das Mahl um eine Rede erweitert ist, in der Jesus den Jüngern sein Reich vermacht und sie für die Zeit der Kirche zurüstet. Mit Gespür für den erzählerischen Bruch im mk Passionsbericht teilt Lk die Verhandlung vor Pilatus (23,1–6. 12–25) und fügt die Episode über Jesus vor Herodes Antipas ein (23,6–11), dessen »Untertan« er als Nazarener war, an deren Schluss er den Tetrarchen mit Pilatus als Gesinnungsgenosse der hellenistischen Elite kennzeichnet. Lk zufolge wendet sich Jesus außerdem direkt an die weinenden Frauen, die den Kreuzweg säumen (23,27–31). Die Salbungsgeschichte in Betanien (Mk 14,3–9 par Mt 26,6–13) fehlt bei Lk im Zusammenhang des Passionsberichts. Die Salbungsgeschichte in Lk 7,36–50 erinnert zwar an Mk 14,3–9 (par Mt 26,6–13; vgl. Joh 12,1–8), steht aber 1. in einem von Mk unabhängigen Traditionszusammenhang, ist 2. in die galiläische Wirksamkeit Jesu platziert und hat 3. durch ihre (symposiale) Ausgestaltung ein völlig anderes Profil (7,36–51). Des Weiteren übergeht Lk die Einvernahme von Zeugen (Mk 14,55–61 par Mt 26,59–63) sowie die Verspottung Jesu bei der sog. Paschaamnestie (Mk 15,16–20a par Mt 27,27–31a). Schließlich hat Lk den »Prozess« vor Juden (22,66–71) historisch richtig an den Morgen nach der nächtlichen Verhaftung gestellt.

Ob die Abweichungen bei Lk darauf beruhen, dass er eine von Mk unabhängige Passionsgeschichte oder archaische vormarkinische Darstellungen des Leidens Jesu verwendet hat, die vielleicht im EvPetr aufgenommen sind, ist nach wie vor strittig (vgl. S. 54; Schneemelcher 1,182f.; zur Frage der Historizität vgl. Dormeyer, Literatur 182f.; Reinbold 41–102). Angesichts des außerhalb der Passionsgeschichte beobachtbaren kompositorischen Vorgehens des Lk scheint es aber wahrscheinlich, dass die Abweichungen gegenüber der mk Passionsgeschichte auf Lk und seine Quellen zurückgehen.

Lk verfolgt in seiner Passionsgeschichte dasselbe Ziel wie in den zwei vorausgehenden Hauptteilen und in der Vorgeschichte: Er will die Ereignisse in der richtigen Ordnung und gut erzählen und er verfolgt gerade damit ein theologisches Ziel. So fehlen bei Lk galiläische Ostergeschichten nicht deshalb, weil Mk Erscheinungen des Auferstandenen in Galiläa nur avisiert, sondern wegen der eminenten Bedeutung Jerusalems für die lk Konzeption. Die lk Jesusgeschichte beginnt in der Umgebung Jerusalems und findet dort ihr Ziel, und dort beginnt gemäß dem lk Entwurf auch die Geschichte der Kirche. Hinzu kommt zweifelsfrei die Absicht, die jüdische und die römische Welt durch ihre Repräsentanten zum Forum der Ereignisse zu stilisieren und zugleich zu Lasten der Juden die römischen Behörden von jeder Schuld am Tod Jesu freizuhalten. Dazu lässt Lk zum einen im Rahmen des Prozesses den Spitzenvertreter Roms dreimal die Unschuld Jesu beteuern (23,4.14.22) und Lk bemerkt ausdrücklich, dass Pilatus Jesus retten will (23,20.25). Entsprechend modifiziert er das mk Gottessohn-Bekenntnis des Zenturios (Mk 15,39b) in einen Lobpreis angesichts der Gerechtigkeit Jesu. Zum anderen fügt er aus seinem Sondergut die Selbstverfluchung des Volkes (27,24f.) als komplementäres Element dieser auch apologetischen Intention ein.

2.2 Theologische Aspekte

Die Darstellung theologischer Aspekte des ›ersten Buches für Theophilos‹ hat ebenso wie die Beschreibung der literarischen und historischen Charakteristika mit dem im Prolog (Lk 1,1–4) erklärten schriftstellerischen Plan für das Doppelwerk einzusetzen, gebildete Christen durch eine historisch verbürgte, literarische Erzählung der Jesusgeschichte sowie der Anfänge der Kirche über Grundlage, Norm und Ziel ihres Christ-

seins aufzuklären. Lk zufolge bedingen sich historische Verlässlichkeit, literarisches Niveau und theologische Solidität. Darum treibt er Theologie, indem er eine Geschichte des Heils
erzählt, die durch die Verheißung der Geburt des Johannes ini-
tiiert ist, aber erst mit der Verkündigung des ›Evangeliums
vom Reich Gottes‹ beginnt und sich bis zur Ankunft des Ev
in Rom spannt.

Hierbei ist für die heilsgeschichtliche Erschließung Jesu
im Lk viererlei wichtig: 1. Die Überbietung des Täufers durch
Jesus in der parallel geführten Kindheitsgeschichte und der
Vorbereitung des Wirkens Jesu. 2. Die theologische Deutung
(9,51a), die dem Reisebericht vorausgestellt ist, und die heilsgeschichtlich auf Tod, Auferweckung und Himmelfahrt Jesu
ausrichtet ist. 3. Das Logion 16,16, demzufolge mit der Verkündigung des Ev das Heil in überbietender Fülle angebrochen
ist. 4. Die Hervorhebung einer »satansfreien Zeit«, nämlich
zwischen dem Weichen des Diabolos am Schluss der Versuchung Jesu (4,13) und dessen erneuter Wirksamkeit in Judas
(22,3). Daraus ergibt sich, dass mit dem öffentlichen Auftreten
Jesu eine neue Epoche der Heilsgeschichte beginnt. Jesu Wirken ist innerhalb des lk heilsgeschichtlichen Entwurfs die
»Mitte der Zeit« (Conzelmann), deren Kulmination in Tod
und Auferweckung Jesu zu sehen ist. Die von 9,51a in die
Heilsgeschichte mit eingeschlossene Himmelfahrt Jesu verklammert durch die Zeugenschaft der Apostel die Zeit Jesu
mit der Zeit der Kirche. Diese Historisierung der Theologie
ist für die lk Gemeinde essentiell. Weil die Zeugen Garanten
der Kontinuität sind zwischen der Fülle des Heils in der Zeit
Jesu und der weiteren Geschichte des Heils in der Zeit der Kirche, können über sie Grundlage, Norm und Ziel des Christseins gefunden werden. Daraus erklärt sich, weshalb in der
Apg Jerusalem, die ›zwölf Apostel‹ und der Geist Gottes als
Garanten und Orientierungsmarken für die Einheit, Stabilität
und Kontinuität der Kirche erscheinen.

Mit dieser Betonung der Kontinuität verbindet sich die Frage nach dem Verhältnis zwischen Israel und der Kirche. In diesem Zusammenhang ist wichtig, dass Lk den Stammbaum Jesu über Abraham (Mt 1,1) zurück bis auf Adam führt (3,38). Lk beansprucht hierdurch, dass 1. in Jesus das Heil universal erschlossen ist und dass 2. die Kirche das ›wahre Israel‹ ist, weil in ihr das durch Jesus entschränkte Heil aufgrund der durch die Zeugen verbürgten und durch ihre Geistbegnadung von Gott bestätigten heilsgeschichtlichen Kontinuität zwischen der Zeit Jesu und der Zeit der Kirche gegenwärtig ist. Für diese heilsgeschichtliche Kontinuität und die Entschränkung des Heils ist aus lk Sicht Paulus, der Jude und Apostel Christi Jesu, der Zeuge par excellence.

Somit ist deutlich, dass der Skopos der heilsgeschichtlichen Konzeption die lk Gemeinde ist. Angesichts der durch Verzögerung der Parusie gedehnten Zeit braucht die Gemeinde Orientierung, um in der jeweiligen geschichtlichen Situation die ›Norm am Anfang‹ für ihre christliche Identität zu finden und daraus die Ermutigung zu gewinnen, die Wahrheit des Ev zu bezeugen, im Eigenleben der Gemeinde und im Verhältnis zur Welt.

Neben dem Zwölferkreis und Jerusalem erlangt in der heilsgeschichtlich angelegten lk Theologie vor allem das Wirken des Heiligen Geistes Bedeutung. Ausgehend von dem Geistbesitz Jesu erscheint die Begnadung mit dem Geist Gottes als die grundlegende Qualifikation aller Zeugen in der Zeit nach der Himmelfahrt Jesu. Der Geist Gottes, der in der Taufe vermittelt wird, führt Jesu Werk in der Kirche fort und schafft darin die Stetigkeit des Heilshandelns Gottes in der Zeit der Kirche. Kraft der Gegenwart des Gottesgeistes in der Kirche ist die Verkündigung des Reiches Gottes die entscheidende Aufgabe der Kirche. Darin zeigt sich ihre Identität und die Authentizität mit ihrem Anfang. Weil Lk die Gegenwart des Gottesreichs an die Person Jesu knüpft, ist für die Kirche das Reich

Gottes an die Gegenwart des Auferstandenen gebunden. Darum hat die Reich-Gottes-Verkündigung der Gemeinde stets den Auferstandenen und Wiederkommenden zu verkünden.

2.3 Historische Aspekte

Abfassungszeit

Lk setzt Mk voraus. Damit scheiden neuere Versuche einer Frühdatierung aus, wie zuletzt bei A. Mittelstaedt, demzufolge ›der Großteil der Arbeit am Doppelwerk während der Gefangenschaft des Paulus in Caesarea (57–59 n. Chr.) geleistet wurde‹. Der Hinweis, dass Lk in der Rede des Paulus an die Gemeinde in Milet ein Episkopenkolleg erwähnt und unter Hinweis auf die Autorisierung durch das Pneuma in seiner Hirtenfunktion bestätigt (Apg 20,28), weshalb das Doppelwerk abgeschlossen sein musste, bevor die monepiskopale Verfassung die kollegiale Gemeindeleitung abgelöst hat, ist wenig hilfreich. Auch wenn die Ignatianen, die der älteste Beleg für den Monepiskopos sind, keine Pseudepigraphen aus der Mitte des 2. Jh.s sein sollten, sondern an den Anfang des 2. Jh.s zu datieren wären, blicken sie doch auf eine Verfassungsentwicklung voraus, die Anfang des 2. Jh.s erst einsetzt. Außerdem ist durch 1 Klem und Herm für Rom und Korinth die Kollegialverfassung bis 140 bezeugt und durch die Didache mindestens bis 120 für Syrien.

Innerhalb dieses zeitlichen Rahmens lässt sich die Datierung des Lk durch dieselbe Überlegung wie bei Mt eingrenzen, dass nach der Abfassung des Mk genügend Zeit für dessen Rezeption sein musste. Den entscheidenden Anhaltspunkt liefert aber der Prolog. Lk schreibt aus der Bewusstseinslage der dritten christlichen Generation. Für sie sind die Anfänge der Kirche bereits Geschichte und für diese Christen ist eine auf Jesus zentrierte Sequenzierung der Heilsgeschichte identitätsstiftend. Weil das Doppelwerk die Glaubens- und Lebenssituation der Gemeinden noch nicht im Licht täglicher Feindseligkeit zwischen Christen und nichtchristlicher Welt sowie drohender Pogrome zeichnet, ist eine Datierung ausgeschlossen, die kirchengeschichtliche Verhältnisse voraussetzt, wie sie im 1 Petr anklingen und im Brief 10,96 des Plinius berichtet sind. Deshalb liegt es nahe, das Lk in die beiden letzten Dezennien des 1. Jh.s zu datieren. Bovon setzt das Doppelwerk in die Jahre 80–90, Conzelmann/Lindemann »beide lk Schriften vor 100«, Vielhauer das Lk auf »ca. 80«, Klein und Schnelle favorisieren für das Lk »die Zeit um 90«, Broer optiert für die Jahre 80–100. Das Lk, das »erste Buch« für Theophilos, entsteht demnach zeitgleich mit dem Mt sowie mit Eph, 1 Petr und 1 Klem.

Abfassungsort

Das Lk macht keine Angaben über seinen Entstehungsort. Aus Hinweisen der Apg wurden als Abfassungsort für das Doppelwerk Städte und Regionen vorgeschlagen, die auffälligerweise alle durch Paulus bereist worden sind: Caesarea maritima, Antiochia am Orontes, Kleinasien, Ephesus, die Ägäis, Makedonien, Achaia, Rom und neuerdings Philippi (Klein). Mit Ausnahme von Ägypten, Palästina und Damaskus könnte das Doppelwerk also im gesamten östlichen Mittelmeerraum oder auch in Rom entstanden sein. Klein versucht das Problem, wie der Verfasser im makedonischen Philippi Kenntnis von Q und von Mk sowie von der Existenz weiterer Darstellungen (Lk 1,1) des Lebens Jesu haben konnte und wie er an die Quellen für seine Apg gelangt ist, durch die Biographie des Verfassers zu erklären. Demzufolge hat man sich den Verfasser als »Städter« vorzustellen, der im Osten des Mittelmeerraums »als Sklave eines Herrn wie Philemon ... geboren worden« (65) ist, »vermutlich nur den hellenistischen Elementarunterricht genossen« (ebd.) hat – Bovon (22) hingegen nimmt eine Ausbildung in Rhetorik und jüdischer Exegese an – und schließlich zum Zweck der Katechese freigelassen wurde. Klein vermutet, »daß Lk die Sammlung seiner Texte an der Ostküste des Mittelmeers vorgenommen hat, die Abfassung der Schriften aber in Philippi geschah, wohin der Verfasser mittlerweile als Lehrer übergesiedelt ist« (69). Die lk Gemeinde wäre folglich die direkte Nachfahrin der sog. Lieblingsgemeinde des Paulus gewesen und damit die älteste Gemeindegründung auf europäischem Boden.

Es scheint, dass in dieser für die Entstehung des Werkes und für die Lokalisierung der lk Gemeinde folgenreichen hypothetischen Biographie des anonymen Verfassers die von Irenäus bezeugte Zuschreibung des dritten Ev an den Paulusbegleiter Lukas nachwirkt (vgl. Irenäus, haer. III 1,1; 14,1).

Unstrittig dürfte sein, dass Lk in der Urbanität der hellenistischen Bildungskultur beheimatet war und sein Werk für gebildete Christen geschrieben hat. Darauf lässt sich aber weder eine Lokalisierung des Abfassungsortes noch der lk Gemeinde gewinnen. Auch die unrichtigen Vorstellungen des Verfassers über die Geographie Palästinas bestätigen nur, dass Palästina als Abfassungsort und Heimat des Verfassers ausscheidet. Auch gegen eine wegen Apg 1,8 und der Deportation des Paulus ad bestis ins Visier genommene Lokalisierung der Abfassung in Rom (Schnelle) kann man einwenden, dass zum einen die Romperspektive der Apg und die heilsgeschichtliche Ausrichtung auf das caput mundi nicht nur »in« Rom möglich ist und zum anderen unerklärt bleibt, weshalb bei einer Abfassung »um 90« Petrus zwar positiv dargestellt wird, aber keine bedeutendere Rolle zugedacht bekommt. Für die Regionen Syrien, Kleinasien und Makedonien spricht keinesfalls, dass Markion als einziges Ev das von allen alttestamentlich-jüdischen Anklängen gereinigte Lk akzeptiert. Bei einer Abfassung in den letzten beiden Dezennien des 1. Jh.s ist ein halbes Jahrhundert Zeit genug, um auch in Pontos Kenntnis des Lk zu erhalten, auch wenn es andernorts verfasst wurde. Am besten folgt man in der Frage nach dem Ort der Entstehung des Werkes (und der lk Gemeinde) Vielhauer, wonach man sich »die Unlösbarkeit dieser im übrigen unerheblichen Frage nach dem Abfassungsort ruhig eingestehen« (407) sollte.

Verfasser

Lk und Apg haben denselben Verfasser, der sich von Mk und Mt darin unterscheidet, dass er sich im Prolog als individueller Schriftsteller bekennt (Lk 1,1; vgl. Apg 1,1). Er schafft dadurch eine klare Unterscheidung zwischen sich und seinem Werk. Seit Irenäus (haer. III 1,1; 14,1) gilt der Paulusbegleiter Lukas (Phlm 24; 2 Tim 4,11), »der Arzt« (Kol 4,14) und »litteris studiosus« (Canon Muratori), als Verfasser des Doppelwerkes. Aus dem Ende des 2. Jh.s stammen auch die ältesten Titelformulierungen, die den Namen Lukas als Verfassernamen für das dritte Ev verwenden. Die Firmierung des ursprünglich anonymen dritten Ev mit dem gräzisierten lateinischen Namen Lukas lässt das in der dritten christlichen Generation starke Bedürfnis nach apostolischer Vergewisserung erkennen. Die Wahl des Pseudonyms Lukas für das dritte Ev ist eine Form der apostolischen Historisierung, galt doch Lukas als Apostelschüler.

Bovon (1,22f.) zufolge war der Verfasser Makedonier, möglicherweise sogar gebürtig in Philippi, und besaß Kontakte zu Troas. Dafür sprächen seine profunden Kenntnisse der nordgriechischen Geographie und der römischen Institutionen. Dass der Verfasser »nach seiner Bekehrung ... an weiteren Missionsreisen beteiligt [war] und ... so die lukanische Mission fortgesetzt« (ebd. 1,23) hat, ist eine durch frühchristliche Bezeugungen inspirierte Vermutung, die den Verfasser des Doppelwerkes zum indirekten Apostelschüler aufwertet. Gegen die historisierende Einordnung des Verfassers in die paulinische Tradition spricht, dass die lk Theologie keine explizite

Kenntnis der Hauptthemen paulinischer Theologie zeigt, wiewohl Lk über viele Lokal- und Personaltraditionen zur paulinischen Mission verfügt, auch wenn diese nicht immer historisch zutreffend sind.

Dem Prolog und der schriftstellerischen Durchführung zufolge steht der anonyme Verfasser in der Tradition der Paideia; er mag Gottesfürchtiger gewesen sein, bevor er Christ wurde. Als literarisch gebildeter Theologe und Historiker wendet er sich an gebildete Christen, die womöglich wie er selbst in Kontakt mit der Diasporasynagoge lebten (Schnelle 259), und die mitunter durch Gerüchte über Grund, Norm und Ziel ihres Christseins verunsichert waren (Lk 1,4; Apg 20,30).

148

F. Anhang

1.0   Weiterführende Literatur

Quellen und Hilfsmittel

Aland, Barbara/Aland, Kurt (Hg.), Das Neue Testament. Griechisch und Deutsch (griech. Text 27. Auflage), Stuttgart [2]1995.

Einheitsübersetzung der Heiligen Schrift, Freiburg 2006.

Die Bibel, nach der Übersetzung Martin Luthers (revidierte Fassung von 1984, neue Rechtschreibung), Stuttgart 2006.

Aland, Kurt, Synopse der vier Evangelien. Griechisch-Deutsche Ausgabe der Synopsis Quattuor Evangeliorum, Stuttgart 1989.

Knoch, Otto (Hg.), Vollständige Synopse der Evangelien nach dem Text der Einheitsübersetzung mit wichtigen außerbiblischen Parallelen. Stuttgart 1988.

Schierse, Franz Josef/Bader, Winfried, Neue Konkordanz zur Einheitsübersetzung, Darmstadt 1996.

Einleitungen/Einführungen

Broer, Ingo, Einleitung in das Neue Testament. Die synoptischen Evangelien, die Apostelgeschichte und die johanneische Literatur (NEB.E 2.1), Würzburg 1998.

Conzelmann, Hans/Lindemann, Andreas, Arbeitsbuch zum Neuen Testament, Tübingen [13]2000.

Dormeyer, Detlev, Das Neue Testament im Rahmen der antiken Literaturgeschichte. Eine Einführung, Darmstadt 1993.

Feldmeier, Reinhard, Die synoptischen Evangelien, in: Niebur, Karl-Wilhelm (Hg.), Grundinformation Neues Testament (UTB 2108), Göttingen 2000, 75–142.

Kümmel, Werner Georg, Einleitung in das Neue Testament. Heidelberg [21]1983.

Porsch, Felix, Kleine Einführung in die Theologie des Neuen Testaments, Stuttgart (überarb. Neuaufl.) 2005.

Schenke, Hans-Martin/Fischer, Karl-Martin, Einleitung in die Schriften des Neuen Testaments. Bd. 2: Die Evangelien und die anderen neutestamentlichen Schriften, Gütersloh 1979.

Schmidthals, Walter, Einleitung in die drei ersten Evangelien, Berlin/New York 1985.

Schnelle, Udo, Einleitung in das Neue Testament, Göttingen (3. neubearb. Aufl.) 1999.

Strecker, Georg, Literaturgeschichte des Neuen Testaments (UTB 1682), Göttingen 1992.

Viehlhauer, Philipp, Geschichte der urchristlichen Literatur. Einleitung in das Neue Testament, die Apokryphen und die Apostolischen Väter, Berlin/New York 1975 (durchg. ND 1978).

Evangelium/Evangelien

Außer den entsprechenden Abschnitten in den oben genannten Einleitungen bzw. Einführungen:

Crossan, John Dominic, The Cross That Spoke. The Origins of the Passion Narrative, San Franzisco, Calif. 1988.

Klauck, Hans-Josef, Apokryphe Evangelien. Eine Einführung, Stuttgart 2002.

Schneemelcher, Wilhelm, Neutestamentliche Apokryphen. 1. Evangelien, Tübingen [6]1990.

Synoptische Tradition

Außer den entsprechenden Abschnitten in den oben genannten Einleitungen bzw. Einführungen:

Bultmann, Rudolf, Die Geschichte der synoptischen Tradition (FRLANT 29), Göttingen [3]1957 (10. erg. Aufl. 1995; Nachwort Gerd Theißen).

Bultmann, Rudolf, Die Geschichte der synoptischen Tradition. Ergänzungsheft (bearb. v. Gerd Theißen/Philipp Vielhauer), Göttingen [5]1979.

Spruchsammlung Q

Heil, Christoph, Was ist »Nachfolge Jesu«? Antworten von Q, Matthäus, Lukas – und Jesus, in: BiKi 54 (1999) 80–84.

Hoffmann, Paul, Mutmaßungen über Q. Zum Problem der literarischen Genese von Q, in: Lindemann, Andreas (Hg.), The Sayings Source Q and the Historical Jesus (BEThL 158), Leuven u. a. 2001, 255–288.

Hoffmann, Paul, Tradition und Situation. Studien zur Jesusüberlieferung in der Logienquelle und den synoptischen Evangelien (NTA 28), Münster 1995.

Hoffmann, Paul/Heil, Christoph (Hg.), Die Spruchquelle Q. Studienausgabe Griechisch und Deutsch, Darmstadt 2002.

Kloppenborg Verbin, John S., Das Jesus-Bild des Spruchevangeliums Q, in: BiKi 54 (1999) 75–79.

Zeller, Dieter, Kommentar zur Logienquelle (SKK.NT 21), Stuttgart 1984.

Evangelium nach Markus

Cancik, Hubert (Hg.), Markus-Philologie. Historische, literargeschichtliche und stilistische Untersuchungen zum zweiten Evangelium (WUNT 1,33), Tübingen 1984.

Dormeyer, Detlev, Das Markusevangelium, Darmstadt 2005.

Dormeyer, Detlev, Evangelium als literarische und theologische Gattung (EdF 263), Darmstadt 1989.

Frösén, Jaakko, Prolegomena to a Study of the Greek Language in the First Centuries A.D. The Problem of Koiné and Atticism, Helsinki 1974.

Gnilka, Joachim, Das Evangelium nach Markus (EKK II/1–2), Neukirchen-Vluyn 1978/79.

Haenchen, Ernst, Der Weg Jesu. Eine Erklärung des Markus-Evangeliums und der kanonischen Parallelen, Berlin 1966.

Kertelge, Karl, Markusevangelium (NEB.NT 2), Würzburg [2]2000.

Klauck, Hans-Josef, Vorspiel im Himmel? Erzähltechnik und Theologie im Markusprolog (BThSt 32), Neukirchen-Vluyn 1997.

Limbeck, Meinrad, Markus-Evangelium (SKK.NT 2), Stuttgart [2]1985.

Pesch, Rudolf, Das Markusevangelium (HThK II), 2 Bde., Freiburg u. a. 1976/77.

Pokorný, Petr, Das Markusevangelium. Literarische und theologische Einleitung mit Forschungsbericht, in: ANRW II. 25.3 (1984) 1969–2035.

Reiser, Marius, Syntax und Stil des Markusevangeliums im Licht der hellenistischen Volksliteratur (WUNT 2,11), Tübingen 1984.

Rydbeck, Lars, Fachprosa, vermeintliche Volkssprache und Neues Testament. Zur Beurteilung der sprachlichen Niveauunterschiede im nachklassischen Griechisch (Acta Universitatis Upsalensia / Studia Graeca Upsalensia 5), Uppsala 1967.

Schenke, Ludger, Das Markusevangelium. Literarische Eigenart – Text und Kommentierung, Stuttgart 2005.

van Iersel, Bas, Markus. Kommentar, Düsseldorf 1993.

Wilcox, M., Semitisms in the New Testament, in: ANRW II. 25.2 (1984) 978–1029.

Evangelium nach Matthäus

Bornkamm, Günther/Barth, Gerhard/Held, Heinz Joachim (Hg.), Überlieferung und Auslegung im Matthäus-Evangelium (WMANT 1), Neukirchen 1960.

Frankemölle, Hubert, Matthäus. Kommentar, 2 Bde, Düsseldorf 1994/97.

Limbeck, Meinrad, Matthäus-Evangelium (SKK.NT 1), Stuttgart [6]2003.

Luz, Ulrich, Das Evangelium nach Matthäus (EKK I/1–4), Neukirchen-Vluyn u. a. 1985. 1990. 1997. 2002.

Schnackenburg, Rudolf, Matthäusevangelium (NEB.NT 1/1–2), Würzburg [3]1999/2000.

Evangelium nach Lukas

Bovon, François, Das Evangelium nach Lukas (EKK III/1–3 [= Lk 1,1–19,27]), Neukirchen-Vluyn u. a. 1989. 1996. 2001.

Jeremias, Joachim, Die Sprache des Lukasevangeliums. Redaktion und Tradition im Nicht-Markusstoff des dritten Evangeliums (KEK Sonderband), Göttingen 1980.

Klein, Hans, Das Lukasevangelium (KEK I/3), Göttingen 2006.

Krämer, Jakob, Lukasevangelium (NEB.NT 3), Würzburg [3]2000.

Löning, Karl, Das Geschichtswerk des Lukas (Urban-TB 455/456), 2 Bde., Stuttgart u. a. 1997/2006.

Mittelstaedt, Alexander, Lukas als Historiker. Zur Datierung des lukanischen Doppelwerks (TANZ 43), Tübingen 2006.

Müller, Paul-Gerhard, Lukas-Evangelium (SKK.NT 3), Stuttgart [7]2001.

Radl, Walter, Das Evangelium nach Lukas, Bd. 1 (Lk 1,1–9,50), Freiburg u. a. 2003.

Reinbold, Wolfgang, Der Prozess Jesu, Göttingen 2006.

Schürmann, Heinz, Das Lukasevangelium. Kommentar zu Kap. 1,1–9,50 (HThK III/1), Freiburg u. a. 1969.

Schürmann, Heinz, Traditionsgeschichtliche Untersuchungen zu den synoptischen Evangelien. Beiträge (KBANT), Düsseldorf 1968.

2.0 Glossar

Allegorese

(gr. allegoréo = anders sagen, bildhaft reden). Seit der Antike verwendetes hermeneutisches Verfahren zur Interpretation von (mythischen, philosophischen und ›heiligen‹) Texten, das im Wortlaut einen verborgenen, übertragenen Sinn sucht (→ Gleichnis, Metapher). Daran schließt sich die (christliche) Konzeption vom mehrfachen Schriftsinn an. Demnach besitzen biblische Texte einen buchstäblichen Sinn (sensus litteralis) und zudem enthalten sie graduell vertiefte metonyme Bedeutungen, die sich auf historisch nachzeitige Sachverhalte (typologischer Sinn) beziehen sowie ethische (tropologischer Sinn) oder eschatologische (anagogischer Sinn) Aspekte thematisieren. Diese Auslegungsweise ist erst mit der Aufklärung zu Ende gekommen.

Apokalyptik

(gr. apokálypsis = Enthüllung, Aufdeckung, Offenbarung). Frühjüdische theozentrische Strömung, die im 2. Jh. v. Chr. parallel mit dem Pharisäismus entsteht, größten Wert auf Toraobservanz legt, eigene Schriften (Apokalypsen) verfasst, in denen Vorstellungen und Beschreibungen des nahen Weltendes und einer neuen, heilvollen, von Gott geschaffenen Weltzeit sowie die Themen des Untergangs oder der Errettung (des einzelnen) – durch Auferstehung von den Toten – dominieren (→ Eschatologie), und die sich als Enthüllung göttlicher Geheimnisse geben (vgl. äthiopischer Henoch, syrischer Henoch, 4 Esra). Zu Grunde liegt das Erbe der Propheten sowie die Verwendung geheimnisvoller, allegorischer (→ Allegorese) Bilder, Zahlensymbolik und Ordnungsschemata. Jesus lehnt sich an solche eschatologische Anschauungen an oder setzt diese voraus (vgl. Mk 9,11ff.; Mt 12,39; Mk 13,4ff.). Für die (alt-)christliche Literatur ist die frühjüdische Apokalyptik ein Fundus, um die Bedeutung Jesu Christi zu artikulieren und zur Motivation des christlichen Ethos (vgl. Mk 13; Mt 24,1–36; Lk 21,5–36; Offb; Hirt des Hermas). Von Bedeutung ist hierbei die Übernahme der Menschensohnvorstellung (→ Hoheitstitel) und deren Übertragung und Verbindung mit dem → Reich Gottes.

Apophthegma

(gr. apóphthegma = Weisheitsspruch). In der Antike zunächst ein passender Ausspruch mit überraschender Pointe, der als rhetorische Form auf Beeinflussung, Belehrung oder Provokation der Zuhörer zielt. In den synoptischen Evv ist das Apophthegma ein szenisch gerahmtes → Herrenwort, das in einem Streit- oder Lehrgespräch zur verbindlichen Antwort im Diskurs wird (Mk 2,18–22 parr.; 2,23–28; 12,41–44; 14,3–9; Lk 10,38–42; 19,1–10).

Bergpredigt

Die B. findet sich in Mt 5–7 (vgl. die »Feldrede« in Lk 6,17–49). Sie ist eine Komposition aus verschiedenen Überlieferungsstücken und literarischen Formen aus der → Spruchsammlung sowie dem Sondergut des Mt, woraus ca. ein Drittel der B. stammt. Neben den neun Seligpreisungen (→ Makarismen), dem Vaterunser und der Goldenen Regel (7,12: »Alles nun, was ihr wollt, dass es euch die Menschen tun, das sollt auch ihr ihnen tun») besteht die B. aus Logien über die Jüngerschaft und der Thematik »Jesus und das Gesetz«, d. h. die neue in Jesus eröffnet Gerechtigkeit, die in sechs Antithesen verdeutlicht wird. Bedeutung erlangt die B. aufgrund ihres universalen sozialethischen Gehaltes.

Basileia (toû theoû)
→ Reich Gottes

Christus
→ Hoheitstitel

Didache
(gr. Langtitel: didache tôn dódeka apostólôn). Die ›Didache‹ (Did) oder – im Langtitel – ›Lehre der Zwölf Apostel‹ ist die älteste Kirchenordnung. Sie wird um 120 entstanden sein, stammt wahrscheinlich aus Syrien und bezieht sich auf einen Gemeindeverband womöglich in und um die syrische Metropole Antiochia. Das Werk besteht aus vier Teilen: 1. Ethische Unterweisung in Form einer ›Zwei-Wege-Lehre‹ (1–6), 2. liturgische Anweisungen (7–10), 3. »Kirchenordnung« (11–15), 4. eschatologische (→ Eschatologie) Unterweisung (16). Die Did kennt das Mt oder Teile davon. Sie ist für Gemeinden in einer Übergangsphase geschrieben, die ihr ererbtes judenchristliches Profil mit der Bindung an die hellenistische Synagoge aufgeben sollen zugunsten einer Glaubenspraxis und Ordnung, deren Plausibilitätszusammenhang in der griechisch-römischen Kultur viel eher zu finden ist als in der judenchristlichen Vergangenheit.

Dubletten
Vgl. B 4.2, Seite 44.

Ebioniten
(hbr. ’ebjon = arm); Selbstbezeichnung judäischer Jesusanhänger (Jerusalems), die sich vermutlich wegen des Gebots zum Gewaltverzicht dem Jüdischen Aufstand 66/67 nicht anschlossen, nach Pella im Ostjordanland

auszogen, eigene Schriften verfassten (vgl. Ebioniterevangelium) und ein intensiv toratreues Eigenleben pflegten. Ihre judenchristliche Jesusinterpretation und das pauperistische Ethos fanden partiell Resonanz in der synoptischen Tradition. Durch Irenäus von Lyon (Ende des 2. Jh.s) avancieren E. zum Etikett für das heterodoxe, von der apostolischen Tradition der catholica getrennte Judenchristentum.

Epiphanie

E. meint das Erscheinen von Göttern in Menschengestalt, zudem offenbart sich aber auch künftiges Geschehen oder verborgene Erkenntnisse durch Mittlergestalten, Träume, Omina etc. Im Christentum bezeichnet E. das Erscheinen Gottes in Jesus Christus. Demnach wird E. religionswissenschaftlich gleichbedeutend mit Theophanie (Gotteserscheinung) verwendet.

Episkopos

(gr. episkopéo = schauen auf, Aufsicht üben; gr. epískopos = Aufseher, Verwalter). Im ursprünglich paganen Sprachgebrauch bezeichnet der Begriff den Aufseher oder Verwaltungsfachmann ausschließlich im sächlichen Bereich. In Phil 1,1 und Did 15 ist E. eine Kollegialfunktion; die → Ignatianen sind das älteste Zeugnis für den Monepiskopos als ›Vorsteher‹ der Gemeinde; daraus ist der Begriff (und das Amt) des Bischofs entstanden.

Erzählstoff

Dem E. (Antonym → Redestoff) zugehörig sind diverse Gattungen wie → Wundergeschichte, Geschichtserzählung bzw. legendarischer Bericht (z. B. Leidensgeschichte).

Eschatologie

(gr. éschata [Aussprache: és-chata] = letzte Dinge); Lehre(n) bzw. Vorstellung(en) von den letzten Dingen; das Endschicksal betrifft sowohl den Einzelmenschen als auch die universale Enderwartung.

Essener

Die E. waren eine im 2. Jh. v. Chr. entstandene Bewegung im Judentum und zur Zeit Jesu die vierte wichtige jüdische Gruppierung neben den beiden »Religionsparteien« der Pharisäer und Sadduzäer sowie den Zeloten. E. bedeutet »die Frommen« (Chassidim) und bezieht sich auf ihre rigorose Torafrömmigkeit und strengen Regeln für den Einzelnen und das Gemeinschaftsleben, worunter kultische Reinheit höchsten Rang besaß. Sie sahen sich als die letzten wahren Gläubigen am Ende der Zeit, die sich in Erwartung eines priesterlichen Messias und eines königlichen Messias (→ Hoheitstitel) und des nahen Weltendes für die Entscheidungsschlacht zwischen den Mächten des Guten und des Bösen wappneten. Aus den bei Qumran gefundenen »Schriften vom Toten Meer« scheint die innere Struktur, das Ethos und die eschatologische Hoffnung der E. erkennbar zu sein.

Feldrede

→ Bergpredigt

Gleichnis

(gr. parabolé = das Nebeneinandergestellte). G. ist eine Gattung der volkstümlichen Rede (→ Redestoff) und meint die bildsprachliche Übertragung eines Vergleiches; die Gattung Gleichnis fehlt im Joh. Die Gleichnisse Jesu bei den Synoptikern haben allesamt die → Reich Gottes Thematik zum Inhalt; Mt nennt die Sachhälfte »Reich der Himmel«, die Gleichnisse aus Q sprechen von »diesem Geschlecht«. Den Stoff für den Bildteil des G. (›im eigentlichen Sinn‹) liefert der Alltag der Zuhörer, welche in die Bedeutung der Gleichnisse integriert werden. Das G. wird unterschieden 1. von der Parabel (Lk 14,15–24), die eine erdichtete Geschichte über einen außergewöhnlichen Vorgang mitteilt, 2. von der Allegorie (Mk 4,3–9 parr), die eine entfaltete Metapher ist, sowie 3. von der Beispielerzählung (Lk 10,29–37), die nur im Lk begegnet und eine religiös-sittliche Idee durch die Schilderung eines Einzelfalles erläutert, wobei konkrete Anwendung im Vordergrund steht.

Heidenchrist

Nichtjude, der sich zu Jesus Christus bekennt und getauft ist.

Herrenwort(e)

Ein H. ist ein Einzelspruch (Logion), als dessen Sprecher Jesus auftritt. Meist handelt es sich um einen sachlichen oder personal formulierten Aussagesatz. Daneben begegnen das imperativische und das in Frageform gekleidete Logion. Als Bestandteil der Komposition in den kanonischen Evv haben Herrenworte das Ziel, Jesu Taten durch Worte inhaltsreicher zu gestalten, weshalb H. nicht selten durch die Gemeinden überformt oder geschaffen wurden. Ebenso wurden Erzählungen als szenische Rahmung für Herrenworte konstruiert (→ Apophthegma). Fragen der Überlieferung (schriftlich/mündlich) sowie der Authentizität sind strittig und von Fall zu Fall zu prüfen.

Hoheitstitel

Die Anrede Jesu von Nazaret mit Hoheitstiteln erschließt seine theologische und soteriologische Bedeutung. Im Vordergrund steht die Frage, ob sie auf eine Selbstbezeichnung Jesu rekurrieren oder erst in den nachösterlichen Gemeinden auf Jesus angewendet wurden und ihre Prägung erfuhren. Die geläufigsten Würdenamen sind: Menschensohn, Kyrios (Herr), Messias/Christos, Davidssohn, Gottessohn, »der Sohn«, ferner Lehrer, Rabbi, Retter, Gottesknecht, »neuer Mose«.

Ignatianen

Die I. sind sieben Briefe, die der Tradition zufolge von Ignatius, der Monepiskopos von Antiochia am Orontes gewesen sein soll, z.Z. Trajans an zwei Stationen auf seiner Deportation nach Rom, in Erwartung seines Todes in der Arena durch wilde Tiere (IgnRom 4; 5,2), diktiert wurden: In Smyrna entstanden Eph., Magn., Trall., Rom., in Troas Philad., Smyrn., Polyc. Die Briefe liefern das älteste Zeugnis mit einer theologischen Begründung für den an der Spitze einer pyramidalen Verfassung stehenden Monepiskopos, der zugleich als Kriterium und Garant der kirchlichen Einheit und Orthodoxie erscheint. Gegenüber der traditionellen Datierung ist eine Abfassung um die Mitte des 2. Jh.s wahrscheinlicher.

Kerygma

(gr. kérygma = Verkündigung, Botschaft, Predigt). Im NT bezieht sich K. zunächst auf die Predigt des Täufers und seine Bekundung des messianischen Königs. Weiterhin ist damit seine Verkündigung der nahen(den) → Basileia Gottes gemeint, die den Aufruf zur Buße einschließt. Inhalt des K. ist das von Gott in Jesus Christus gewirkte Heil, das in der Verkündigung dem Menschen dargeboten und zugleich gegenwärtig gestellt wird. Träger dieses K. sind Jesus und die Jünger, nach der Himmelfahrt die Apostel, Jünger und Tradenten, die als Sachwalter das Evangelium Gottes von Jesus, dem Christus und Gottessohn, verkünden, insbesondere in Bezug auf Jesu Tod am Kreuz und seine Auferweckung, und zwar in deren Bedeutung für das Heil der Menschen. In der Zeit der Kirche ist darum das K. ein Missionsterminus, dessen Inhalt das Evangelium und Jesus Christus betrifft und einem Taufbewerber zuteil wird, bevor er Christ wird.

Koine

Mit K. wird die griechische Literatur- und Umgangssprache in der Zeit von 300 v. Chr. bis 500 n. Chr. bezeichnet. Man rechnet die Septuaginta (LXX), das NT und die Schriften der Kirchenväter zur gr. Gemeinsprache.

Lk Doppelwerk

Als lk Doppelwerk gelten das Evangelium und die Apostelgeschichte nach Lukas, deren Verfasser als identisch angenommen wird. Die Widmung zu Beginn der Texte richtet sich in beiden Fällen an Theophilus, auch weisen

Sprache und Stil vergleichbare Gemeinsamkeiten auf. Gleiches gilt für die theologische Ausrichtung der Werke.

Logion

→ Spruchsammlung

Makarismus

(gr. makários = glücklich, selig). Zur Zeit Jesu eine sowohl im Profanen als auch in religiösen und kultischen Kontexten lebendige Sprachform, die z. B. in der »Seligpreisung der Mutter Jesu« (Lk 11,24–26) begegnet, in den synoptischen Evv vor allem aber die neun Seligpreisungen der Bergpredigt (Mt 5,3–12) und die vier der Feldrede (Lk 6,20b–23) bezeichnet.

Messias

→ Hoheitstitel

Paideia

P. (›Bildung‹, ›Erziehung‹) gilt als Synonym für hellenisches Lebensideal und beschreibt die Vertrautheit mit dem literarischen und geistigen Erbe der griechischen Kultur. P. ist nicht nur Siegel kultureller Identität, sondern Ausdruck einer Geisteshaltung, einer Weltanschauung und letztlich eines »Wissens« oder »Ahnens« um letztgültigen Sinn, die in der Erfahrung von Konvention und Konsens bestätigt wird. P. gewinnt hierdurch religiöse Dimensionen und wird zur Voraussetzung für aufgeklärte hellenistisch-römische Frömmigkeit. Das gebildete und folglich tugendhafte Leben, welches P. voraussetzte, ermöglichte Kommunikation und Übereinstimmung und erleichterte somit die politische Gestaltung gemeinsamen Lebens. Ziel der P. war allerdings nicht die urbane elitäre Intellektualität, sondern eine Haltung, die sich durch Erkenntnis, Sensibilität, Klugheit, Weitsicht und Zutrauen auszeichnete. In Gestalt der P. besaßen somit die hellenistischen mediterranen Gesellschaften einen wichtigen Faktor und Träger für ihre Einheit, Stabilität und Kontinuität. Darum war es für gebildete Christen seit der dritten Generation (vgl. Verf. des lk Doppelwerkes, Apologeten) essentiell, der P. ein christliches Profil zu geben, was bedeutete, das Verhältnis zwischen Evangelium und griechisch-römischer Kulturtradition kirchlich identitätsstiftend zu klären.

Pantokrator

(gr. pantokrátor = Allmächtiger, Allherrscher, Allgewaltiger). Ein Attribut Gottes zur Bezeichnung seiner Universalität, welches im NT auf Christus übertragen ist. Darstellungen des überlebensgroßen Christus in Mosaik und Fresko sind in der Kunst von Bedeutung.

Parabel

→ Gleichnis

Parusie

(gr. parousía = Anwesenheit, erneute Ankunft). Die P. Jesu bezieht sich auf die Vorstellung der Wiederkunft Christi zum Gericht am Ende der Zeit (→ Eschatologie).

Pharisäer

Frühjüdische, sowohl religiöse als auch politische Bewegung von nicht selten schriftgelehrten Laien. Die Ph. besaßen hohes Ansehen und Einfluss im Volk. Zur Realisierung des »heiligen Volkes« waren sie darauf bedacht, die priesterlichen Reinheitsvorschriften auch im Alltag in allen Lebensbereichen zu befolgen. Zu diesem intensivierten Gottesgehorsam schufen sie die sog. mündliche Tora, die das Gesetz des Mose, die Tora, mit zahlreichen Bestimmungen entfaltete und zu präzisieren suchte.

Proskynese

(gr. proskýnesis = Verehrung, Anbetung). Die P. stellt einen Gestus der Demut und Ehrerbietung dar. Gemeint ist das Niederfallen mit einhergehender Huldigung. Im altorientalischen Herrscherkult war die P. gängige Praxis, während das Judentum und Christentum P. vor Menschen strikt ablehnt.

Reisebericht

Der R. findet sich im Lk 9,51–19,28. Lk komponiert diese Reise Jesu von Galiläa nach Jerusalem aus Material der → Spruchsammlung Q, des lukanischen Sonderguts und wenigen Texten aus Mk. Auffällig sind die ungenauen geographischen Angaben. Dies wird in der Forschung einerseits mit der Bedeutung des missionarischen Anliegens des Evangeliums erklärt, zum anderen mit der Aneinanderreihung zusammenhangloser Traditionsstoffe.

Redestoff

→ Herrenworte, Gleichnisse, Reden

Reich Gottes

(gr. basileia toû theoû = Königreich Gottes). Im AT begegnet der Begriff nur selten, doch findet sich die Anrufung Gottes als »Jahwe ist (ward) König!« Die Königsherrschaft Gottes tritt im Judentum auch in Zusammenhang mit apokalyptischen Tendenzen auf (→ Apokalyptik). Unter Reich Gottes versteht man allerdings nicht den Begriff »Himmelreich«, sondern vielmehr ist darunter das »Königtum Gottes« zu verstehen. Im NT gelten grundsätzlich auch die Begriffe »Herrscherwürde« und »Herrschaftsbereich«, welche durch Formulierungen wie »Reich des Sohnes (und des Vaters)« erweitert werden. Reich Gottes wird nicht unbedingt als künftige Größe verstanden, sondern als Verwirklichung in der Gegenwärtigkeit (Lk 17,20f.).

Sadduzäer

Frühjüdische, sowohl religiöse als auch politische Bewegung. Die S. stammten aus dem priesterlichen Hochadel und übernahmen politische Verantwortung im Synedrium (»Hoher Rat« der Juden), waren konservativ geprägt und favorisierten eine buchstäbliche Auslegung der Tora. Sie erstrebten die Errichtung eines nationalistischen Tempelstaates unter Führung der Priesteraristokratie und lehnten den Glauben an eine Auferstehung ab.

Spruchsammlung Q

Sammlung von Sprüchen (gr. lógos = Wort, Spruch, Rede u.ä.), Spruchreihen, Reden und Gleichnissen Jesu, die aus der Analyse der drei synoptischen Evv als literarisches Postulat abzuleiten ist. Die Spruchsammlung wurde der Zwei-Quellen-Theorie zufolge von Mt und von Lk neben Mk als zweite Quelle benutzt (vgl. Punkt C).

Verklärung

V. bedeutet in den synoptischen Evv eine sichtbare Umwandlung der Gestalt Jesu in göttliche Herrlichkeit. Mk (9,2–10 parr) zufolge wurde Jesus auf einem Berg verwandelt. Strahlend weiße Kleider repräsentieren generell den Einschluss zum göttlichen Bereich. Die betreffenden Perikopen haben die Enthüllung und Proklamation Jesu durch Gott als → Messias und Gottessohn zum Ziel.

Verkündigung

→ Kerygma

Wiederkunft Christi

→ Parusie

Wundergeschichte

W. im NT sind eine Ausprägung des → Erzählstoffes und folgen in der Struktur antikem Vorbild. Unterschieden werden Exorzismus, Therapie/Heilungswunder, Rettungswunder, Geschenkwunder, Normwunder und →Epiphanie.

Zeloten

National-religiöse Eiferer, die maßgeblich am Aufstand gegen die römische Fremdherrschaft über das ›gelobte Land‹ beteiligt waren. Ihre Auslegung der Tora sah einen nationalistischen Staat Gottes vor. Zudem war die akute Erwartung eines politischen Messias für die Anschauungen der Z. charakteristisch.